TECNICHE PROIBITE DI PERSUASIONE, MANIPOLAZIONE E INFLUENZA UTILIZZANDO SCHEMI DI LINGUAGGIO E TECNICHE DI PNL

Come persuadere, influenzare e manipolare
utilizzando schemi di linguaggio e tecniche di PNL

SECONDA EDIZIONE

STEVE ALLEN

Edizione 2.0 – Maggio, 2018

Pubblicato da Steve Allen su CreateSpace

ISBN: 978-1722235604

Copyright © 2018 di Steve Allen

Scopri altri titoli dell'autore su www.amazon.com/author/pnl

Tutti i diritti riservati, compresi i diritti di riproduzione totale o parziale in qualunque forma.

Contenuti

Prefazione 9
Introduzione 13
Come utilizzare questo libro 25
Parte 1 – Concetti base della Programmazione Neurolinguistica 29
   Rapporto 32
   Sistemi rappresentazionali o sensi 33
   Come individuare le strategie mentali degli altri 41
   Cosa sono le credenze e come indebolirle 52
   Condizionamenti 58
   Metaprogrammi e metamodello 63
   Schemi di ridefinizione per cambiare il punto focale dell'attenzione 72
Parte 2 - Principi di persuasione 81
   I principi di persuasione di Cialdini 81

Le regole della comunicazione di successo..............92

6 Tecniche psicologiche di persuasione utilizzate in Fahrenheit 9/11 di Michael Moore..........................113

Parte 3 – Schemi di linguaggio........................... 121

Ragioni e suggerimenti.......................................125

Superare la resistenza psicologica delle persone.....135

Positivismo...145

Cambiare lo stato emotivo delle persone..............154

Inserire idee nella mente delle persone.................164

Cambiare la direzione dei pensieri delle persone...166

Strutture d'accordo: come essere d'accordo con tutti pur continuando a mantenere la propria opinione 170

Aggiungere e cancellare pensieri..........................174

L'illusione di libertà e di scelta 178

Utilizzare rappresentazioni interne per indirizzare i pensieri 184

Creare una prospettiva di dubbio 195

Creare una prospettiva positiva 197

Il metodo più efficace, sebbene economico, per influenzare 198

Come fare in modo che i tuoi suggerimenti vengano accettati 201

Fare appello all'identità delle persone 202

Come cambiare o indebolire credenze 205

Come "aprire" la mentalità delle persone 209

"Copioni" per velocizzare il tuo processo 215

Passare dai monologhi alle conversazioni persuasive 220

Trattare le obiezioni 227

Conclusione 233

Prefazione

Magari sei un commerciale con dell'esperienza che vuole perfezionare le proprie capacità, magari hai un'attività e vuoi farti strada con più sicurezza, oppure vuoi perfezionare le tue capacità di comunicazione nella tua vita professionale e personale, o magari semplicemente ti è piaciuta la copertina e ti sei sentito obbligato a dare un'occhiata all'interno. Non posso saperlo. Tuttavia, di una cosa sono sicuro, ed è che se stai leggendo questo libro, è perché hai una mente aperta al cambiamento e prendi molto sul serio il tuo successo personale.

Durante i miei studi sulle persone, sono rimasto affascinato dalla differenza che un leggero cambiamento di parole può avere sul risultato di una conversazione, e questa comprensione mi ha spinto a studiare le cause precise che comportano un cambiamento nel sistema di credenze di una persona.

Nel 2015 ho pubblicato la prima edizione di questo libro, del quale sono molto orgoglioso, non solo perché questo piccolo libro è rientrato in molte liste di bestseller, ma perché le persone che hanno letto e utilizzato quello che hanno appreso, hanno ottenuto risultati eccellenti usando semplici cambiamenti nella scelta delle loro parole. Questa è un'edizione rivista e ampliata di quel piccolo, grande libro.

Permettimi di spiegarti in breve cosa sono gli schemi di linguaggio.

Gli schemi di linguaggio sono insiemi di parole che parlano direttamente alla mente subconscia delle persone. La mente subconscia è uno strumento poderoso nel processo decisionale, perché è pre-programmata tramite i nostri condizionamenti, di conseguenza ci fa prendere delle decisioni senza analizzarle troppo. Funziona più o meno come un computer, ha solo i pulsanti "sì" o "no", e non si può mai aggiungere "forse". È potente, essenziale e agisce rapidamente. Quindi, se impariamo ad utilizzare parole che parlano direttamente alla parte della nostra mente libera da quel "forse", otterremo un enorme vantaggio e un aumento istantaneo del nostro potere di influenza e persuasione.

Gli schemi di linguaggio che apprenderai in questo libro sono stati sperimentati, ed è dimostrato che portano eccellenti risultati quando vengono applicati correttamente. Tuttavia, questo libro è molto più che semplici schemi di linguaggio. A mano a mano che andrai avanti con la lettura di ogni capitolo, otterrai una poderosa visione di ciò che fa funzionare le persone, e imparerai come semplici cambiamenti che puoi applicare da subito al tuo modo di parlare, possono renderti la vita molto più facile.

Come vedrai, alcuni degli esempi che ti farò sono incentrati sulla vendita, dato che sono generici. Tuttavia, anche se non pensi di stare vendendo un prodotto o un servizio, stai sempre vendendo qualcosa: vendi le tue idee, le tue opinioni, le tue decisioni. Quello che voglio dire è che tutti i principi discussi qui sono facilmente trasferibili a qualunque area della tua vita, e ti aiuteranno ad essere più persuasivo, influente e ad avere un maggiore impatto su tutto ciò che fai, ma dipende da te compiere il lavoro mentale di applicare questa conoscenza alle tue situazione specifiche. Anche se mi piacerebbe utilizzare esempi specifici relativi alle situazioni che potresti dover affrontare in questo momento, mi è tecnicamente impossibile, almeno per ora.

Il mio consiglio è di prendere un quaderno e una penna mentre leggi, cerca di creare i tuoi esempi mentre lavori su ogni schema e poi prendi la decisione di provarli il prima possibile per sentirti più a tuo agio e sicuro ogni volta che lo fai. Sentiti a tuo agio con il disagio, dato che questo è ciò che ti farà crescere mentre leggi questo libro.

Sono ansioso di conoscere i tuoi risultati, quindi se vuoi, quando hai finito di leggere questo libro, puoi contattarmi su steve.allen@pnlypersuasion.com e raccontarmi la tua esperienza come catalizzatore di decisioni più capace.

Introduzione

Sia che tu stia conversando con il tuo partner, i tuoi amici, scrivendo una mail di lavoro, vendendo un prodotto, raccontando una storia o semplicemente cercando di impressionare, motivare ed influenzare gli altri dal primo momento, hai bisogno di conoscere i metodi che utilizzano i maestri della persuasione per cambiare i pensieri delle persone e farle agire.

Ho dedicato gran parte del lavoro della mia vita alla dimenticata arte della comunicazione e al potere delle parole giuste dette al momento giusto, in modo da ottenere i risultati desiderati, e ho imparato che le decisioni che le persone prendono dipendono dalla tua capacità di sapere esattamente cosa dire, quando dirlo e come dirlo. Questo libro offre informazioni strategiche sul potere delle parole e ti fornisce gli strumenti adatti per convincere e motivare le persone, in modo che facciano ciò che vuoi tu.

La persuasione è ovunque. Non importa dove guardi e neanche con chi stai parlando. La situazione è questa: o sei tu che stai cercando di persuadere qualcuno, oppure qualcuno sta cercando di persuadere te. Pensaci un momento. Se non convinci il tuo capo che meriti un aumento, sarà lui a convincerti del fatto che non sei pronto per un aumento, e uscirai dal suo ufficio credendo di aver bisogno di lavorare un altro anno, o ancora di più, prima di meritarlo.

Quindi, dire che la capacità di influenzare, persuadere ed essere a proprio agio con le persone è importante, sarebbe un vero eufemismo. Una ricerca realizzata dal "Carnegie Institute of Technology", ha dimostrato che la tua abilità di comunicare, persuadere e comandare in modo efficace, ovvero, "l'ingegneria umana", rappresenta l'85% del tuo successo economico, e solo un misero 15% è dovuto alle conoscenze tecniche. In altre parole, la tua capacità di influenzare e persuadere è quasi sei volte più importante dell'intelletto, del talento e delle capacità.

In questo libro scoprirai cos'è che fa sì che le persone agiscano. Troverai una collezione delle tecniche più persuasive utilizzate da politici, pubblicitari, propagandisti, e tutti coloro che sono capaci di cambiare rapidamente i pensieri di un individuo o di un gruppo di persone. Puoi utilizzare queste tecniche per fare in modo che una persona faccia qualcosa che normalmente non farebbe, cambiare le sue credenze e i suoi pensieri, convincerla di qualcosa o farla agire. Qualunque sia la tua motivazione, nelle pagine seguenti troverai gli strumenti di cui hai bisogno.

A mano a mano che aumenta l'interesse per la PNL, la persuasione occulta (Covert Persuasion in inglese), e per gli schemi di linguaggio, sembra che si generino sempre più confusione e informazioni di minore qualità; ma la buona notizia è che l'apprendimento di schemi di linguaggio persuasivi è relativamente semplice quando si utilizza una buona impostazione, e questo è proprio l'obiettivo di questo libro. Questo libro non è concepito per scopi accademici, ma per essere messo in pratica nella vita reale e per essere una guida che ti permetterà di costruire rapidamente solide fondamenta. È importante anche sottolineare che, nonostante questo libro contenga informazioni sconosciute alla maggiore parte dei praticanti della PNL, non è un corso completo di PNL. Il mio obiettivo in questo libro è presentare rapidamente gli schemi di linguaggio affinché tu possa cominciare ad applicarli subito dopo averli letti.

Gli schemi di linguaggio che apprenderai, sono stai presi da manuali di operazioni psicologiche, annotazioni di psicologi, manuali di vendita ed esperimenti. Questi strumenti possono essere tanto poderosi e potenti da poter fare molto danno o molto bene a coloro che ti circondando, quindi utilizzali eticamente; ora, questo è un buon momento per farti alcune raccomandazioni. Questo libro potrebbe ferire la sensibilità di alcune persone. Per favore, leggilo solo se ti senti davvero preparato a migliorare la tua conoscenza della comunicazione con uno scopo ambizioso. Se sei una persona sensibile, questo libro non fa per te.

Tutto quello che imparerai qui è semplice, facile da mettere in pratica e funziona. Apprenderai a sfruttare il nostro naturale processo decisionale. È stato dimostrato che il processo decisionale si basa principalmente sulle emozioni e sulle supposizioni piuttosto che sulla logica. Anche se disponiamo di fonti di informazioni praticamente infinite in ogni momento, la maggior parte delle persone non sono interessate a cercare queste informazioni per prendere la decisione migliore. Di fatto, anche quando una persona ha fatto una ricerca su un tema specifico, continuerà a scegliere quello che preferisce a livello emozionale, o in base alle sue supposizioni, rispetto a quello che preferirebbe razionalmente; di conseguenza, nelle pagine seguenti imparerai come approfittare di questa breccia.

Sicuramente avrai già immaginato quello che potrai ottenere quando avrai perfezionato le tue capacità di persuasione, quindi ora ti dirò quello che succederà nel caso contrario, ovvero, senza abilità di persuasione. Se sei genitore, non riuscirai a far rifare il letto ai tuoi figli. Se sei il capo di un team di lavoro, non riuscirai a fare in modo che i membri del tuo team lavorino più duramente o in modo più efficiente. Se sei un insegnante, non riuscirai a fare sì che i tuoi studenti facciano i propri compiti. Se sei un venditore, non riuscirai a fare in modo che le tue pubblicità facciano vendere i tuoi prodotti. Se sei un imprenditore, non riuscirai a fare sì che gli investitori accettino la tua visione. Se stai portando a termine una negoziazione, non otterrai alcuna concessione dalla controparte. E la lista continua…

Di conseguenza, senza capacità di persuasione, molto semplicemente non potrai fare in modo che le persone facciano qualcosa. Perfeziona questa abilità, e protrai ottenere praticamente tutto quello che vuoi. Se vuoi creare un cambiamento duraturo o fare un "bene reale e permanente", come ha detto Andrew Carnegie, allora devi fare in modo di causare un movimento. Non importa se vuoi avviare un'attività, un'organizzazione senza scopo di lucro o una famiglia. Non importa se vuoi organizzare una gita, scrivere un libro o andare su Marte. Non puoi farlo da solo. È difficile essere un leader se nessuno ti segue. Se vuoi muovere le montagne, devi essere prima capace di muovere le persone.

La maggior parte delle persone cercano di motivare gli altri pregando, pagando o ragionando fino alla morte e, quando tutto questo non funziona, si disperano e iniziano a rimproverare, lottare, imporre o ingannare pur di ottenere i risultati che desiderano. Credono che l'unico obiettivo della comunicazione sia "arrivare al sì", ma in realtà, non vogliamo solo che la gente dica "sì", ma vogliamo anche che si impegni e faccia quello che ha detto che avrebbe fatto. E a questo proposito, ti dirò qual è il grande segreto della persuasione, la persuasione sta nel processo, e non nell'obiettivo. Permettimi di chiarire quello che voglio dire. Se cerchi di motivare le persone direttamente, fallirai. Se hai già provato a cambiare il comportamento di qualcuno, saprai che questo è dolorosamente vero. Come dice un vecchio proverbio: "Puoi portare un cavallo all'acqua, ma non puoi obbligarlo a bere". Tuttavia, puoi fargli venire sete.

Di conseguenza, il segreto della motivazione, l'influenza e la persuasione, sta nell'apprendere a creare le condizioni per cui la mente diventa "assetata", in modo che il corpo la segua. La buona notizia è che la maggiore parte delle menti hanno già sete, in qualche modo. Tutti viviamo le nostre vite mossi da una serie di desideri e necessità, e devi solo approfondire un po' di più per trovare quelle necessità e approfittarne. Come? Con gli schemi di linguaggio.

Gli schemi di linguaggio presenti in questo libro non sono solo parole. Le loro radici toccano le necessità più profonde di ognuno. Ad esempio, utilizzando la parola "perché", stiamo cercando di stabilire un proposito, dicendo "sì" stiamo mostrando accettazione, utilizzare il nome di una persona mostra importanza. Questi sono tutti impulsi e necessità che ogni essere umano cerca di soddisfare, e in questo libro imparerai a sfruttarli.

In questo momento è importante fare una precisazione. Esistono alcune differenze tra gli schemi di linguaggio scritti e quelli parlati. Gli schemi parlati sono intangibili e, di conseguenza, meno sottili, ma tutto quello che viene insegnato in questo libro funziona sia nella sua forma scritta che parlata. La chiave degli schemi scritti è nella ricerca di una sequenza strategica di rappresentazione interna, più che concentrarsi su uno schema specifico. Sembra complicato? Nei seguenti capitoli comprenderai perfettamente quello a cui mi riferisco, ma ora la cosa importante è che tu comprenda che quello che apprenderai qui è applicabile in entrambe le situazioni.

Molto bene, ora passiamo alla questione successiva. Sono più importanti le parole o il linguaggio corporeo?

Nel 1967, un professore della UCLA, Albert Mehrabian ha pubblicato due ricerche che oggi sono diventate molto famose. Questi studi dimostrano che solo il 7% di quello che comunichiamo ha a che vedere con le parole dette, mentre il resto del messaggio viene trasmesso dal nostro tono di voce (38%) e dal linguaggio corporeo (55%). Da quel momento, la frase "Non importa quello che dici, ma come lo dici" è diventata un cliché. Negli ultimi cinquant'anni, gli "esperti" hanno presentato questa statistica come un mezzo per vendere i loro libri o per ottenere maggiori partecipazioni ai loro seminari sul linguaggio corporeo. Tuttavia, spesso le persone non riescono a comprendere completamente quello che lo studio originale ha scoperto davvero.

Se credi all'interpretazione popolare dello studio di Mehrabian, allora dovresti essere in grado di vedere un film in un'altra lingua e comprendere il 93% di quello che succede semplicemente grazie al tono di voce e al linguaggio corporeo, anche se non conosci quella lingua! Per caso è così?

Beh, ovviamente non funziona in questo modo. Ecco cosa ha detto lo stesso Mehrabian: "Queste osservazioni sono applicabili solo quando un comunicatore sta parlando dei propri sentimenti o comportamenti". Questo spiega perché possiamo vedere un programma in televisione in un'altra lingua e riusciamo a percepire con precisione le emozioni che i personaggi stanno esprimendo, ma nient'altro.

Allora è più importante quello che si dice o come viene detto? O il contrario? O dipende dalla situazione?

In realtà, la domanda è sbagliata. Quello che dici non è necessariamente la cosa più importante. Anche il modo in cui lo dici non è necessariamente la cosa più importante. E neanche l'intenzione dietro quello che dici è il fattore principale. Quindi smetti di preoccuparti di tutto questo. Non si tratta di te. Al contrario, inizia a concentrarti su quello che la gente ascolta. Invece di guardare le percentuali, dobbiamo iniziare ad osservare l'effetto generale che ha la nostra comunicazione sulle persone che sono con noi, e per comprendere l'effetto della nostra comunicazione, dobbiamo comprendere il nostro cervello.

Il nostro cervello adora le scorciatoie. Il mondo è un posto complesso, e il tuo cervello viene attaccato costantemente da un'enorme quantità di informazioni sensoriali, per le quali ha una serie di risposte pre-programmate che ti aiutano a resistere a questo diluvio. È per questo che quando senti un forte rumore improvviso il tuo corpo fa un salto. Quando vedi del buon cibo, la tua bocca produce saliva. Quando la stanza è buia e calda, ti viene sonno. Accade tutto automaticamente. Non devi pensarci, accade e basta. Queste risposte condizionate si attivano perché il tuo cervello ha imparato ad anticipare quello che viene in seguito.

Alcune di queste lezioni sono programmate nel nostro cervello tramite migliaia di esperienze che si sono ripetute nella nostra vita. Altre risposte sono pre-programmate ad un livello più profondo, grazie a centinaia di migliaia di anni di evoluzione dei nostri antenati.

Quindi, è possibile che esistano simili risposte di "causa ed effetto" quando ascoltiamo certe parole? È possibile che esistano certe parti della comunicazione umana che comandano universalmente una reazione specifica tipo "scorciatoia"?

La risposta breve è sì. La cosa interessante qui è riconoscere che possiamo anche individuare intenzionalmente queste reazioni nelle menti di coloro che ci circondano per poter comunicare in modo più efficace. Come vedrai, le parole e gli schemi di linguaggio di cui si parla in questo libro non sono semplicemente parole o frasi che vanno di moda. Non dipendono dallo stato o dall'educazione di chi ascolta. In certi casi, non importa neanche se la persona sta ascoltando in modo consapevole. Non perdono la loro potenza neanche quando vengono tradotte in altre lingue, e non vengono influenzate dagli scambi culturali. La bellezza del fenomeno creato dagli schemi di linguaggio che imparerai qui è che causano risposte profondamente umane e istintive.

Ora, di seguito vedremo qualcosa che la maggior parte della gente non comprende completamente o nega. Ogni volta che parli con qualcuno, stai influenzando la mente di quella persona. Anche se scegli di non parlare, il tuo stesso silenzio può influenzarlo. La tua comunicazione cambia la neurochimica di coloro che ti circondano. Le persone normalmente non vogliono accettare questa verità perché temono di essere considerate manipolatrici. Ad alcuni non piace l'idea di influenzare i pensieri delle altre persone per ovvi motivi etici, e alcuni semplicemente non vogliono accettare questa responsabilità. Tuttavia, per comunicare in modo efficace, devi accettare questo fatto. Che tu ci provi o meno, stai manipolando pensieri, sentimento e azioni degli altri.

Quando pensiamo alla manipolazione, pensiamo ad alcuni manipolatori famigerati della storia, come Adolf Hitler,

Ex banchiere   Falsario

Bernie Madoff, Frank Abagnale Jr. o qualunque altra persona che abbia utilizzato e utilizza le stesse capacità per venderci auto usate in cattivo stato, far assolvere colpevoli o truffare milioni di povera gente. Ma non dimentichiamo gli altri grandi manipolatori della storia come Madre Teresa, Abraham Lincoln, Martin Luther King Jr., Winston Churchill, Gandhi, Eleanor Roosevelt e molti altri che hanno utilizzato il potere delle parole per mettere in movimento la gente per lottare per i diritti umani, per abolire la schiavitù, per dare più potere ai deboli o per dare il via ad una riforma politica. Entrambi i gruppi hanno influenzato pensieri, emozioni e azioni di centinaia di migliaia o milioni di persone, ma la differenza sta nell'intenzione. Nessuno dubita che la comunicazione sia uno strumento poderoso. Allo stesso modo che con qualunque altro strumento fisico che hai in casa, la comunicazione può essere utilizzata per costruire o distruggere. In mano ad uno chef, un coltello è uno strumento utile, mentre in mano ad un assassino, è un'arma mortale, quello che conta però non è il coltello in sé, ma l'intenzione della persona che lo usa.

Nel resto di questo libro ti fornirò dei potenti strumenti che ti permetteranno di ottenere quello che vuoi, ma prima di utilizzarli, ti consiglio di fare la "prova dell'opinione pubblica". Chiediti: "Cosa accadrebbe se la mia famiglia, i miei amici e i miei colleghi potessero vedere questa conversazione? Come si sentirebbero riguardo alle mie intenzioni?" Quando la nostra intenzione è discutibile, tendiamo a volerci nascondere nell'ombra. Se obblighi le persone a fare qualcosa che va contro le loro credenze, potrebbero scoprirti, perderesti la tua credibilità, la fiducia e le amicizie, quindi la prova dell'opinione pubblica ti aiuterà ad evitare di invischiarti in situazioni che vanno contro la tua morale.

Come utilizzare questo libro

Questo libro è progettato per aiutarti a comprendere gli schemi di linguaggio e la psicologia umana. Questa comprensione ti darà l'opportunità di scoprire perché le persone si comportano in un certo modo e come puoi utilizzare queste inclinazioni per influenzare e persuadere.

La maggior parte dei libri di saggistica inizia con una spiegazione arida e insipida e, a volte, inutile, di quello che si trova nelle pagine seguenti, ma se hai già letto qualcuno degli altri miei libri, saprai che il mio stile è diverso. Non voglio scrivere un libro che ti dia la sensazione di aver perso tempo, quindi faccio del mio meglio per darti solo le informazioni di cui hai bisogno, nel modo più conciso possibile. Questo libro non fa eccezione. Il tuo tempo è importante per me, e ti guiderò passo passo attraverso questo processo di apprendimento.

Il libro è strutturato in tre parti. Nella prima, apprenderai i concetti di base della programmazione neurolinguistica. Qui imparerai come funziona il nostro cervello e dominerai tecniche poderose per indirizzare la tua mente e quella degli altri. La cosa affascinante di questo libro è che le tecniche di

PNL sono applicabili tanto su te stesso quanto sugli altri, quindi potrai sperimentare in prima persona la loro efficacia.

Nella seconda parte apprenderai i principi di persuasione. Qui comprenderai perché funzionano gli schemi di linguaggio e avrai un quadro generale che sarà come una mappa che ti permetterà di sapere in ogni momento ciò che devi dire e, cosa ancora più importante, ciò che non devi dire. Questa parte è fondamentale, dato che ti permetterà di avere a disposizione un modello di regole con cui potrai implementare facilmente gli schemi di linguaggio.

Infine, nella terza parte, apprenderai schemi di linguaggio specifici. Vedremo schemi progettati per eliminare la riluttanza, per far concentrare le persone su quello che ti interessa e, in generale, imparerai a fare in modo che le persone vadano nella direzione che vuoi. Tutti gli schemi che vedremo sono molto semplici da apprendere, e possono essere facilmente inseriti in una normale conversazione, se utilizzi come guida i principi di persuasione appresi nella seconda parte.

Ora permettimi di darti un consiglio: se vuoi, puoi saltare le lezioni ed andare direttamente allo schema che ti interessa, ma ti raccomando di leggere questo libro in ordine per ottenere risultati migliori. Leggi ogni capitolo, comprendilo, mettilo in pratica e poi passa a quello successivo.

Per ottenere il massimo profitto da questo libro, devi metterlo in pratica. Trova uno schema che possa esserti utile e mettilo in pratica ogni volta che puoi. Ricorda che tutta la crescita, l'apprendimento e lo sviluppo accade al di fuori della tua zona di comfort. Prova cose nuove. Sii disposto a ridere di te stesso e approfitta degli errori. Fidati di me.

Per fare in modo che l'utilizzo di questi schemi diventi spontaneo, dovrai trascorrere un po' di tempo a pensare alle frasi e poi ripeterle ad alta voce. Gioca, divertiti e ricorda che la cosa importante non è apprendere lo schema più completo che riesci a trovare, ma prendere un'idea semplice e usarla per ottenere i risultati che desideri.

Parte 1 – Concetti base della Programmazione Neurolinguistica

"Non aspettare. Non sarà mai il tempo opportuno. Inizia ovunque ti trovi, con qualsiasi mezzo a tua disposizione. Mezzi migliori li troverai lungo il cammino" - *Napoleon Hill*

Inizieremo quest'avventura di perfezionamento delle nostre capacità di persuasione e influenza gettando una luce sul tortuoso cammino della programmazione neurolinguistica, conosciuta anche come la scienza del successo. La programmazione neurolinguistica, o PNL, si occupa dell'influenza che ha il linguaggio sulla nostra programmazione mentale e sul resto delle funzioni del nostro sistema nervoso. Leggilo di nuovo: "La PNL si occupa dell'influenza del linguaggio sulla nostra programmazione mentale e sul resto delle funzioni del nostro sistema nervoso". Questo significa che il funzionamento del nostro sistema nervoso (neuro) è strettamente connesso alla nostra capacità di linguaggio (linguistica) e alle strategie (programmazione) attraverso le quali ci comportiamo e ci relazioniamo. Espresso in termini più semplici, la PNL è uno strumento poderoso per manipolare i nostri processi mentali coscienti e inconsci, e anche per manipolare i processi mentali delle altre persone.

Di conseguenza, con il linguaggio possiamo creare o modificare percezioni in noi stessi o negli altri. Ogni giorno interagiamo e comunichiamo con altre persone attraverso il linguaggio, le nostre azioni, il nostro linguaggio corporeo e anche attraverso le nostre espressioni facciali, e questa interazione ha un'influenza enorme su come ci sentiamo, come reagiamo a certe situazioni e sull'effetto che avremo sulle altre persone. Vale la pena chiarire che questo non è un corso completo di PNL, ma un corso pratico su come utilizzare il linguaggio per persuadere e influenzare, quindi in questo capitolo ci concentreremo sull'apprendimento dei fondamenti della programmazione neurolinguistica per comprendere come funziona il nostro cervello e, di conseguenza, comprendere come operano le tecniche di persuasione e gli schemi di linguaggio che vedremo nei capitoli successivi.

Sei pronto? Allora cominciamo.

La PNL si definisce come lo studio dell'eccellenza umana, e dimostra come comunicare in modo efficace e influenzare gli altri. È stata sviluppata negli anni Settanta da un gruppo di professionisti, che hanno studiato persone di successo con l'obiettivo di analizzare il comportamento umano. Facevano parte del gruppo Richard Bandler (Psicologo), John Grinder (Linguista) e Gregory Bateson (Antropologo). Hanno considerato gli stili del linguaggio, gli schemi cerebrali e come parole e azioni si univano per creare certe programmazioni mentali o sequenze di comportamento.

Da allora, la PNL ha continuato a svilupparsi, offrendoci una maggiore comprensione dei processi di pensieri, schemi di linguaggio e sul comportamento umano, fornendoci degli schemi che ci aiutano a processare le esperienze umane e comprendere il modo in cui le persone pensano, sentono e reagiscono.

Il controllo della tua comunicazione con il mondo esterno determinerà il tuo grado di successo con gli altri in ambito personale, emozionale, sociale ed economico. Tuttavia, qui la PNL ci permette di fare una distinzione fondamentale. Il grado di successo che percepisci interiormente è il risultato di come comunichi con te stesso. Quello che voglio dire è che ciò che percepisci non è il risultato di quello che davvero accade nella vita, ma solo l'interpretazione che gli dai. In altre parole, ti sentirai e ti comporterai in funzione di come hai deciso di percepire le tue esperienze. Ora permettimi di chiederti: cosa accadrebbe se avessi gli strumenti per manipolare il modo in cui le persone recepiscono i tuoi messaggi? Pensaci per un momento.

Ovviamente, riusciresti a suscitare le emozioni e le azioni che desideri, e questo è precisamente quello che apprenderai in questo libro.

Di seguito, passeremo ai fatti ed esploreremo i principi fondamentali della PNL che ci serviranno per apprendere poderose tecniche di persuasione. Parleremo del rapporto, dei sistemi rappresentazionali, delle credenze, dei condizionamenti, dei metaprogrammi e dei metamodelli.

Vedremo anche 3 schemi o tecniche di ridefinizione per cambiare la focalizzazione degli altri e la propria.

Rapporto

Il rapporto, o relazione, è essenziale per una comunicazione efficace. Si basa sul rispetto reciproco tra le persone e spesso si fa in modo intuitivo. Si deve dimostrare un interesse genuino, osservando come reagisce l'altra persona a quello che dici e identificando le parole o frasi chiave che producono una reazione. Il rapporto non è collegato solo a quello che dici, ma anche alle tue azioni e al linguaggio corporeo, di cui normalmente non si è consapevoli.

Per costruire un rapporto, devi essere consapevole del modo in cui comunicano le persone e come utilizzare i loro gesti, le posizioni corporee, il tono di voce, le parole ecc. Uno degli aspetti di base nella costruzione di un rapporto è la tecnica di "concordanza e riflesso" creata da Milton Erickson all'inizio degli anni Settanta, durante il suo lavoro di ipnoterapia clinica. Con questa tecnica si cerca di imitare il linguaggio corporeo della persona con cui si sta parlando. È una cosa che si vede chiaramente nelle coppie recenti che, in modo inconscio, imitano le reciproche posizioni corporee.

Puoi provare l'esercizio seguente con un'altra persona per sperimentare il poderoso effetto della concordanza e del riflesso. Puoi farlo con il tuo partner o con un amico, ma all'inizio non avvertirli di ciò che stai facendo. Fai così: mentre la persona parla di qualcosa che gli è piaciuto davvero, ad esempio una festa, un hobby, ecc. ascoltala attentamente e imita i suoi gesti e le sue posizioni. Dopo un minuto, modifica il tuo comportamento e fai l'opposto, ovvero fai gesti che non coincidano con quelli dell'altra persona, mentre questa continua a parlare. Aspetta qualche minuto e torna ad imitare i suoi gesti.

Questo esercizio consiste nel riflettere, fare l'opposto e riflettere di nuovo. Dopo l'esercizio, spiega all'altra persona quello che hai fatto in modo che possa commentare quello che ha osservato e quello che ha provato. Normalmente, per l'altra persona dovrebbe essere stato molto difficile continuare a parlare mentre ti comportavi nel modo opposto rispetto al suo linguaggio corporeo. Questo è il potere del rapporto. Può aprire o chiudere menti e cuori. Tuttavia, fai attenzione quando la applichi. Se esageri, sembrerà che ti stai prendendo gioco dell'altra persona, e otterrai l'effetto opposto a quello che desideri.

Adesso parleremo di un altro concetto fondamentale della PNL: i sistemi rappresentazionali.

Sistemi rappresentazionali o sensi

Esistono 5 sensi principali (vista, udito, tatto, gusto e olfatto), e noi utilizziamo i nostri sensi per interpretare il mondo che ci circonda e, anche se la maggior parte delle persone condivide questi 5 sensi, "interpretiamo" le informazioni in modo diverso. Ad esempio, immagina un giardino. Prenditi qualche momento per pensare ai dettagli.

L'hai fatto?

A cos'hai pensato?

Tra tutte le persone che stanno leggendo queste righe, alcune penseranno all'odore dell'erba, mentre altri al colore dei fiori, e altri ancora al canto degli uccelli. Quindi, una stessa scena può significare cose diverse per persone diverse, a seconda del proprio senso preferito.

A cosa ci serve sapere tutto questo?

L'importanza di questa informazione sta nel fatto che, se parli con qualcuno adattando le tue parole al senso preferito di quella persona, aumenterai il rapporto e migliorerai la comunicazione. Riesci a seguirmi? Come vedrai durante il libro, a mano a mano che andiamo avanti, ogni concetto si intreccerà con il precedente, in modo che quando avrai letto l'ultima pagina avrai completato il grande puzzle della comunicazione con schemi di linguaggio. È importante che confidi nel fatto che il contenuto di questo libro sia stato concepito con questo obiettivo in mente e quindi, se in qualche momento ti senti perso, abbi piena fiducia nel fatto che alla fine i pezzi si uniranno e tutto acquisterà un senso.

Allora andiamo avanti. Eravamo rimasti al punto che, se scegli le tue parole con attenzione per adattarle ai sensi preferiti della persona che ascolta, aumenterai le tue possibilità di essere persuasivo. Ma ora ti starai chiedendo "Come posso conoscere il senso preferito di una persona?"

È un'ottima domanda. Ora, nonostante sappiamo di avere 5 sensi principali, è molto comune che le persone abbiano un unico senso dominante, i più comuni sono la vista, l'udito o il tatto, e il modo migliore per scoprilo è facendo attenzione al linguaggio e alle caratteristiche delle persone. Vediamo tre casi molto comuni.

Persone prevalentemente visuali:

Come indica il nome, si tratta di persone che captano il mondo principalmente attraverso il senso della vista. È comune che siano persone molto ordinate nella vita privata e sul lavoro, sono molto consapevoli del proprio aspetto e possono sembrare ipercinetici, dato che sono sempre impegnati a fare qualcosa. Quando parlano e pensano, tendono a muovere gli occhi verso l'alto e ad esprimersi utilizzando termini che si riferiscono al senso della vista, ad esempio:

"Vedo a cosa ti riferisci"

"Ho afferrato l'immagine"

"Ha un bell'aspetto"

"Posso immaginarlo"

"Diamo un'occhiata"

"Tienilo d'occhio"

Persone prevalentemente uditive:

Sono persone che hanno un comportamento più tranquillo e sereno dei visuali. Quando parlano e pensano, tendono a muovere gli occhi ai lati, ovvero, verso le proprie orecchie, e tendono ad esprimersi utilizzando termini che si riferiscono al senso dell'udito, ad esempio:

"Ho sentito quello che hai detto"

"Suona bene"

"Ascolta"

"Mi suona familiare"

"Mi sono sintonizzato con questa idea"

"Lui è su un'altra frequenza"

Persone prevalentemente cinestesiche: *tatto, gusto e olfatto*

Sono persone particolarmente rilassate e tranquille. Preferiscono indossare abiti comodi piuttosto che essere alla moda. Gli uomini non indossano la cravatta e le donne evitano addirittura il trucco. Prediligono i piaceri della vita, il cibo e i profumi. Quando parlano e pensano, tendono a muovere gli occhi verso il basso e verso destra. Tendono ad esprimersi utilizzando termini che si riferiscono al senso del tatto, del gusto e dell'olfatto, ad esempio:

"Sembra buono"

"È facile da maneggiare"

"Questo mi ha toccato"

"Afferrati alla realtà"

"Ha un carattere debole"

"Segui la nuova tendenza"

"Mi fa drizzare i peli"

Queste descrizioni potranno sembrarti delle generalizzazioni eccessive, ma se ti concentri nell'osservare attentamente le persone con cui parli, resterai sorpreso da quanto sono precise. I sensi possono essere affinati ancora di più. Ad esempio, se chiediamo a due persone di visualizzare una spiaggia, sicuramente immagineranno due spiagge molto diverse, sulla base delle loro mappe mentali. Probabilmente una delle persone vedrà una spiaggia colorata, piena di gente, assolata e di cui fa parte, come se stesse vedendo un film; mentre l'altra persona immaginerà una spiaggia in bianco e nero, fissa, di cui non fa parte.

Questo tipo di distinzioni più sottili si chiamano sub-modalità, e la loro bellezza sta nel fatto che si possono perfezionare o cambiare le sub-modalità per cambiare i sentimenti e le emozioni quando si tratta di situazioni positive o negative. Leggilo di nuovo, perché è molto importante: "puoi perfezionare o cambiare le sub-modalità per cambiare i sentimenti e le emozioni"

Ad esempio, cambiare un'immagine nella tua mente dai colori al bianco e nero la renderà meno vivida, fino a quando potrai dissociarti completamente dalle emozioni. O magari puoi aggiungere un po' di humor ad una situazione stressante, magari immaginando l'altra persona come un personaggio dei cartoni animati. Le possibilità sono infinite, e puoi fare questi cambiamenti sia sul momento che successivamente, quando ricordi la situazione. Quindi, il modo in cui ti senti riguardo qualcosa, cambia all'istante quando cambiano le sub-modalità nella tua mente.

So che, se questo è il tuo primo approccio alla PNL, può sembrare difficile da credere, e questo perché non veniamo al mondo con un manuale di istruzioni che ci dice come utilizzare il nostro cervello, ma ora lo stai imparando. Tra poco realizzeremo degli esercizi che ti permetteranno di sperimentare la potenza di queste tecniche.

Ora ricapitoliamo quello che abbiamo appena appreso: conoscendo le proprie sub-modalità, potrai sapere come uscire da uno stato d'animo limitante ed entrare in uno pieno di energia e che trasmetta potere. Tuttavia, tutto questo non si limita a quello che puoi fare nella tua mente, dato che puoi produrre lo stesso effetto nelle altre persone, se scopri i loro sensi preferiti.

Vediamo una lista con le sub-modalità principali. Conserva la lista come riferimento, dato che la useremo in seguito in un esercizio per controllare la tua mente.

Sub-modalità visuali:

- Colore

- Lucentezza

- Contrasto

- Statico o in movimento

- Sfocato o a fuoco

- Vicino o lontano

- Piccolo o grande

Sub-modalità uditive:

- Volume

- Tono

- Durata

- Posizione

- Stereo o mono

- Parole e suoni

- Ritmo

Sub-modalità cinestesiche:

- Temperatura

- Posizione

- Intensità

- Consistenza

- Peso

- Pressione

- Misura

È importante ricordare che ognuno interpreta le situazioni attraverso le proprie percezioni, creando così la propria realtà, di conseguenza, le esperienze sono individuali ed ognuno avrà una sua propria interpretazione unica degli eventi, a seconda di come sperimenta tramite i sensi (vista, udito, gusto, tatto e olfatto) e come interpreta internamente le informazioni.

Ti sembra complicato? Non preoccuparti. Ho scritto questo libro con l'obiettivo di aiutarti, e non c'è bisogno di memorizzare tutto questo. Più avanti, nella sezione degli schemi di linguaggio, ti insegnerò una tecnica incredibile per sfruttare i sistemi rappresentazionali delle persone e persuaderle efficacemente senza neanche guardarle. Con quello schema, tutto quello che dovrai fare è dire un'unica parola.

Per essere persuasivi, dobbiamo comprendere come le persone prendono le decisioni, e dobbiamo sapere anche qual è il loro sistema di rappresentazione principale in modo da esprimere il nostro messaggio perché si adatti allo stile del funzionamento della loro mente. Ad esempio, quando devi parlare con una persona orientata visualmente, non ti servirà parlare lentamente e respirare profondamente, dato che così facendo riuscirai solo a fargli perdere la pazienza e innervosirla. Per questo, di seguito, approfondiremo ulteriormente come individuare le sub-modalità e le strategie mentali degli altri.

Come individuare le strategie mentali degli altri

Una strategia mentale non è altro che un ordine concreto di rappresentazione (visuale, uditiva, cinestesica, olfattiva e del gusto) che produce un risultato concreto. Per individuare le strategie mentali di una persona, devi vedere quello a cui prima non facevi casi, ascoltare quello che prima non percepivi e chiedere cose che prima non sapevi neanche di dover chiedere. Le persone stesse ti diranno tutto quello che hai bisogno di sapere sulle loro strategie. Te lo diranno con le loro parole, con l'utilizzo del proprio corpo e anche con il movimento degli occhi. L'unica cosa di cui hai bisogno, è fare in modo che la persona metta in atto la propria strategia, in modo da poter prendere nota con attenzione delle azioni specifiche che compie e, in questo modo, potrai leggerla chiaramente come leggi questo libro.

Prima di poter individuare in modo efficace le strategie mentali di una persona, devi sapere cosa cercare e quali sono le chiavi che rivelano le parti del sistema nervoso che ognuno utilizza in ogni momento. Già sappiamo che le persone tendono ad utilizzare una parte determinata del proprio sistema neurologico (visuale, uditiva o cinestesica) più di altre, quindi, dobbiamo sapere qual è il sistema di rappresentazione delle persone prima di individuare le loro strategie.

Facciamo un breve ripasso di quello che abbiamo appreso finora sui sistemi rappresentazionali. Le persone che sono prevalentemente visuali tendono a considerare il mondo in immagini e, dato che tendono a seguire il ritmo delle loro immagini mentali, tendono a parlare in fretta, come se non gli importasse quello che dicono, ma questo dipende dal fatto che cercano semplicemente di plasmare le immagini in parole, di conseguenza utilizzano molte metafore visive. Le persone di tipo uditivo tendono ad essere più selettive per quello che riguarda il vocabolario che utilizzano, parlano più lentamente, con un ritmo regolare e misurato e, dato che per loro le parole hanno un grande significato, fanno molta attenzione a quello che dicono. Le persone prevalentemente cinestesiche sono ancora più lente e reagiscono principalmente alle sensazioni tattili, tendendo ad avere una voce cupa e, spesso, utilizzano metafore fisiche.

Basterà osservare una persona e ascoltare quello che dice per avere un'idea immediata dei sistemi che utilizza, ma nella PNL utilizziamo indicatori ancora più specifici per individuare quello che succede nella mente di una persona.

La saggezza popolare dice che gli occhi sono lo specchio dell'anima. L'avevi mai sentito dire? Beh, si è scoperto che questo proverbio è molto più vero di quello che si credeva. Prestando attenzione agli occhi di una persona, si può vedere immediatamente se in un certo momento utilizza un sistema di rappresentazione visuale, uditivo o cinestesico. Ti sembra incredibile? Beh, lo è davvero, però funziona.

Facciamo un piccolo esperimento. Rispondi alla seguente domanda: di che colore è la porta della casa in cui vivevi quando avevi 13 anni? Prenditi un momento per ricordarlo.

Fatto?

Molto bene.

L'obiettivo di questo esperimento non ha nulla a che fare con il colore della porta, quanto piuttosto con il movimento dei tuoi occhi. Mentre rispondeva a questa domanda, il 90% delle persone ha guardato in alto e a sinistra, dato che è così che la maggior parte di noi (destri e mancini), cercano l'accesso alle immagini visive che vogliamo ricordare.

Adesso rispondi alla seguente domanda: che aspetto avrebbe un elefante rosa con dei pallini gialli dentro un frigorifero? Questa volta probabilmente i tuoi occhi saranno andati verso l'alto e verso destra per attivare le immagini costruite mentalmente (non ricordate).

Quindi, quando parli con qualcuno, osserva i movimenti dei suoi occhi. Se ad esempio gli occhi di una persona vanno verso l'alto e verso sinistra, sta per prendere un'immagine dalla sua memoria. Se si spostano verso l'orecchio sinistro, vuol dire che sta ascoltando qualcosa. Se si spostano verso il basso e verso destra, quella persona sta accedendo alla parte cinestesica del suo sistema di rappresentazione. Allo stesso modo, quando hai difficoltà a ricordare qualcosa, probabilmente è perché non stai mettendo gli occhi in una posizione che ti consenta un chiaro accesso alle informazioni di cui hai bisogno, ad esempio, quando devi ricordare qualcosa che hai visto, guardare verso il basso e verso destra non ti aiuterà a ritrovare quell'immagine, mentre guardando in alto e a sinistra, sarà più probabile che tu possa recuperare quell'informazione.

Sx = memoria   *dx = novità*

Quindi, per riassumere, quando una persona guarda:

- In alto e a sinistra: sta accedendo al suo sistema visuale per ricordare, ovvero, sta vedendo immagini che ha già visto.

- In alto e a destra: sta accedendo al suo sistema visuale per costruire, ovvero, sta vedendo immagini mai viste prima.

- Al lato e alla sua sinistra: sta accedendo al suo sistema uditivo per ricordare, ovvero, sta ricordando suoni ascoltati in precedenza.

- Al lato e alla sua destra: sta accedendo al suo sistema uditivo per costruire, ovvero, sta ascoltando suoni che non aveva mia sentito.

- In basso e a sinistra: sta accedendo al suo sistema uditivo digitale, ovvero, sta parlando con se stesso.

- In basso e a destra: sta accedendo al suo sistema cinestesico, ovvero, sta provando emozioni e sensazioni tattili.

Quello che abbiamo visto fino qui è la formula di base per individuare le strategie mentali di chiunque, ma per sfruttare al massimo questa tecnica di base, dobbiamo aggiungere le sub-modalità. Ad esempio, se la strategia di acquisto di una persona inizia dalla parte visuale, cos'è che lo fa soffermare sul tuo prodotto? I colori sgargianti? I disegni e i tratti moderni? Invece se è una persona uditiva, è attratta da un motore che produce un gran rombo, che dimostra potenza? O preferisce un meccanismo piccolo e ben regolato?

Di conseguenza, apprendere ad individuare le strategie mentali e le sub-modalità di una persona, ti darà la possibilità di premere i bottoni giusti di quella persona e, per quanto riguarda la persuasione, la comprensione di queste informazioni è assolutamente fondamentale. Se impari ad individuare le strategie, conoscerai esattamente le necessità delle persone che vuoi persuadere, cosa che ti permetterà di trovarti nella posizione di soddisfarle davvero.

Di seguito, realizzeremo due esercizi notevoli che ti permetteranno di sperimentare in prima persona il potere della PNL.

Come indirizzare la tua mente

Nella sezione degli schemi di linguaggio apprenderai tecniche molto semplici per produrre gli effetti desiderati sulla mente delle altre persone, tuttavia, prima di provare a manipolare gli altri, sarebbe interessante manipolare la propria mente per provare in prima persona il potere di questa tecnica di PNL. Sei d'accordo?

In questo capitolo apprenderai quali sono, probabilmente, i 2 strumenti più poderosi che puoi dominare e che cambieranno la tua esperienza di vita per sempre. Ricorda che tutti i comportamenti umani sono il risultato dello stato in cui ci troviamo, e il nostro stato è creato dalla nostra rappresentazione interna, ovvero, le cose che immaginiamo e quello che diciamo a noi stessi. Di conseguenza, così come un regista può variare l'angolo della ripresa, il volume, il tipo di musica, la velocità del movimento, il colore e la qualità delle immagini per generare gli stati emotivi che vuole nel suo pubblico, anche tu puoi indirizzare la tua mente per generare qualunque stato o comportamento che favorisca i tuoi obiettivi o necessità.

Se ti sembra interessante, continua a leggere, altrimenti puoi andare direttamente alla seguente sezione del libro.

Sei ancora qui? Molto bene. Congratulazioni, questo dimostra che hai capacità di compromesso. Questi sono due esercizi puri di PNL, nei quali faremo un utilizzo intensivo delle sub-modalità, e devi realizzarli passo per passo, quindi ti raccomando di leggerli, comprenderli e metterli in pratica immediatamente.

Come intensificare stati positivi e indebolire stati negativi

- Pensa ad un ricordo molto gradevole. Non importa che sia recente o lontano nel passato. Limitati a chiudere gli occhi, rilassati e pensa ad esso. Ora prendi quella immagine e rendila più brillante. A mano a mano che la lucentezza aumenta, concentrati su come cambia il tuo stato.

- Ora avvicina l'immagine mentale e amplia la sua misura. Cosa accade mentre manipoli quell'immagine? L'intensità dell'esperienza cambia, non è vero? Per la maggior parte delle persone, ricreare un ricordo piacevole e farlo diventare più grande, più brillante e più vicino, fa in modo che quell'immagine sia ancora più poderosa e piacevole. Questo aumenta la forza e il piacere della rappresentazione interna e ti mette in uno stato più energico e allegro.

Come abbiamo già appreso, tutte le persone hanno accesso alle tre modalità o sistemi di rappresentazione (visuale, uditivo e cinestesico), ma le utilizzano in misure differenti. Alcuni accedono alla propria mente all'interno di un quadro di rappresentazione visuale e reagiscono di fronte alle immagini che vedono nella propria testa, altri sono uditivi di base, e altri ancora cinestesici. Per questo, dopo aver modificato il quadro di riferimento visuale, ora proveremo a fare lo stesso con gli altri sistemi rappresentazionali.

- Torna al ricordo piacevole e aumenta il volume delle voci o dei suoni che hai sentito. Dagli maggiore ritmo e profondità, cambia il loro timbro in modo che siano più forti e decisi, poi fai lo stesso con le sub-modalità cinestesiche. Fai in modo che il ricordo diventi più caldo, più dolce e sereno che mai. Cos'è successo alle tue sensazioni dopo questa esperienza?

- Ora facciamo lo stesso on un'immagine negativa. Pensa a qualcosa che ti ha ferito. Prendi quell'immagine e aumenta la sua luminosità. Avvicinala. Falla diventare più grande. Cosa accade nella tua mente? Molti sentono che il loro stato negativo si intensifica. Le sensazioni di disagio o dolorose che hai sperimentato la prima volta tornano con maggiore forza.

- Ora riporta l'immagine alle condizioni iniziali. Cosa accade quando la fai diventare più piccola, più scura e distante? Scoprirai che le sensazioni negative iniziano a perdere la propria forza.

- Rendi l'immagine negativa più piccola. Fai caso a quello che accade quando l'immagine si restringe. Ora sfocala, rendila più annebbiata, indistinta e difficile da vedere. Una volta fatto questo, allontanala, portala tanto lontano che puoi distinguerla a malapena. Prendi nota di quello che vedi, ascolti e senti mentre quell'immagine sparisce dal mondo.

- Fa lo stesso con la modalità uditiva. Abbassa il volume delle voci che senti, fai in modo che sembrino letargiche, monotone, togli loro il ritmo. Fai lo stesso anche con le percezioni cinestesiche. Fai in modo che l'immagine diventi sempre più molle e priva di sostanza, estranea. Cos'è successo all'immagine negativa durante questi processi che tu hai diretto? Se sei come la maggior parte delle persone, l'immagine ha perso potere, è diventata meno forte, meno dolorosa e potrebbe anche aver smesso di esistere. Quindi, possiamo prendere qualcosa che ci ha creato un grande dolore nel passato e toglierli la forza, fino a dissolverlo e farlo sparire completamente.

Credo che questo breve esperimento possa essere sufficiente per darti un'idea del potere della PNL. In pochi minuti, hai preso un sentimento positivo e l'hai rafforzato e intensificato, e sei riuscito a anche a disfarti di un'intensa immagine negativa e del potere che questa esercitava su di te. In passato eri alla mercé dei risultati delle tue rappresentazioni interne, mentre ora sai che non deve essere necessariamente così.

Puoi vivere in due modi. Puoi lasciare che la tua mente continui a controllarti, come è successo in passato, quando chiunque poteva trasmetterti un'immagine, un suono o una sensazione, e tu rispondevi automaticamente alla suggestione, oppure puoi scegliere di indirizzare in modo consapevole la tua mente e impiantare le suggestioni che ti fanno comodo.

Ora vediamo il secondo esercizio.

Come motivarsi

Questa volta pensa a qualcosa nella tua esperienza che hai realizzato quando ti sentivi completamente motivato. Rilassati e forma un'immagine mentale più chiara possibile di quella esperienza. Ora ti chiederò alcune cose riguardo ad essa, e devi prenderti del tempo per rispondere ad ogni domanda. Non esistono risposte giuste o sbagliate. Persone diverse danno risposte diverse.

- Mentre guardi l'immagine, vedi un film o un'immagine statica? È a colori o in bianco e nero? È una scena vicina o lontana? È a destra, a sinistra o al centro? In alto, in basso o in mezzo al tuo campo visivo? È una situazione associata, ovvero, la vedi con i tuoi occhi, o è dissociata, ovvero, la vedi come se fossi uno spettatore esterno? L'immagine è limitata da una cornice oppure è un paesaggio senza limiti definiti? È brillante o spenta, scura o luminosa? È nitida o sfocata? Mentre fai questo esercizio, fai caso alle sub-modalità che sono più forti per te, quelle che sono più evidenti quando pensi ad esse.

- Adesso vediamo le tue sub-modalità uditive e cinestesiche. Senti la tua voce o quella di altri protagonisti? Si tratta di un dialogo o di un monologo? I suoni che senti sono forti o deboli? Le inflessioni variano o sono monotone? Sono lente o rapide? Le voci vanno e vengono o sono come un mormorio invariabile? Qual è la cosa più importante che senti o che dici a te stesso in questa scena? Dov'è posizionato il suono? Da dove viene? È una scena violenta o piacevole? Fa caldo o freddo? Predomina la sensazione di ruvidezza o di morbidezza, flessibilità o rigidità? Puoi toccare elementi solidi o liquidi? Provi qualche sensazione nel tuo corpo? È una sensazione solida o diffusa? E in che parte del corpo si trova? Ricordi qualche sapore aspro o dolce?

All'inizio può essere difficile rispondere ad alcune di queste domande. È normale. Inoltre, se sei una persona prevalentemente uditiva, inizia prima con questa sub-modalità e poi procedi con le successive.

Bene, dopo aver sperimentato la struttura di qualcosa che ci ha molto motivato nel passato, ora pensiamo a qualcosa per cui ci piacerebbe essere fortemente motivati, ma che in questo momento non ci ispira motivazione. Di nuovo, ripetiamo le stesse domande, ma questa volta, presta particolare attenzione alle differenze tra le risposte rispetto all'azione fortemente motivata. Prendi nota di quali sono le sub-modalità più potenti, dato che saranno quelle che hanno un maggiore potenziale per modificare il tuo stato.

- Per continuare, prendi l'esperienza che ti motiva (e che chiameremo esperienza 1) e quella che vorresti che ti motivasse (esperienza 2), e fai il paragone. Non è molto difficile. Immagina la tua mente come uno schermo televisivo che trasmette delle immagini vivide e osserva le due esperienze allo stesso tempo. C'è differenza tra le sub-modalità, non è così? Certo, era facile da prevedere, dato che differenti rappresentazioni producono risultati di tipo diverso nel sistema nervoso.

- Ora, lentamente, ripristiniamo le sub-modalità dell'esperienza 2, in modo che siano uguali a quelle dell'esperienza 1. Queste sub-modalità possono essere diverse, a seconda delle persone, ma è probabile che l'immagine dell'esperienza 1 sia più brillante, più nitida e più vicina rispetto all'immagine dell'esperienza 2. Ti chiedo di concentrarti sulle differenze tra l'una e l'altra, e di manipolare la seconda rappresentazione in modo che diventi sempre più simile alla prima. Ad esempio, se l'esperienza 1 è rappresentata come un film, e l'esperienza 2 come un'immagine statica, converti l'esperienza 2 in un film. Non dimenticare di fare lo stesso con le sub-modalità uditive e cinestesiche. Fallo ora.

Ricorda che rappresentazioni interne simili, creeranno stati o sensazioni simili, e questi stati o sensazioni innescheranno azioni simili. Quindi, se riesci ad individuare in modo concreto cos'è che ti fa sentire motivato, saprai esattamente cosa devi fare di fronte a qualunque esperienza per sentirti motivato, se è quello che vuoi.

Hai visto come l'utilizzo efficace degli strumenti della PNL può cambiare la tua vita? Cosa succederebbe se prendessi tutto ciò che ti annoia, ma che sei obbligato a fare, e lo vincolassi alle tue sub-modalità di piacere? Ti piacerebbe prendere i tuoi problemi e farli diventare più piccoli, oltre a mettere maggiore distanza tra te ed essi? Le possibilità sono infinite.

È importante ricordare che, come con qualunque altra capacità, anche questa ha bisogno di ripetizioni e pratica. Quanto più ripeti in modo consapevole questi semplici cambiamenti di sub-modalità, prima otterrai i risultati sperati.

Spero che tu sia riuscito a sfruttare questi poderosi esercizi e che ora abbia un'idea più chiara del vero potere della PNL sulla tua mente. Di seguito, continueremo ad avanzare all'interno del dominio del funzionamento della nostra mente e vedremo un aspetto fondamentale della persuasione e della PNL: le credenze.

Cosa sono le credenze e come indebolirle

"Non è quello che ci succede, ma ciò che facciamo con esso che fa la differenza" - Nelson Mandela.

Di base, le credenze sono giudizi e valutazioni su noi stessi e sugli altri. Nella PNL, le credenze vengono considerate generalizzazioni radicate fermamente alla causalità, al significato e ai limiti del mondo che ci circonda.

L'importanza delle credenze sta nel fatto che la maggior parte dei tuoi ricordi sono stati costruiti dalla tua mente per adattarsi a quello che credi sia successo. In altre parole, ricorderai ciò che vuoi ricordare in ogni situazione. Lo stesso vale per il resto delle persone, ovvero, quando vuoi persuadere qualcuno, è molto probabile che ti trovi ad affrontare i ricordi creati dalla sua mente, le credenze, che ostacolano la trasmissione del tuo messaggio. In questo caso, dovrai indebolire le sue credenze, e questo è ciò che apprenderai a fare più avanti nel libro, ma prima dovremo dissezionare quelle credenze.

Per ridimensionare l'impatto delle credenze, pensa a Roger Bannister, che ha battuto un record correndo per un miglio in meno di 4 minuti. Fino a quel momento, la gente credeva che fosse fisicamente impossibile per un uomo percorrere quella distanza in meno di 4 minuti. Roger si è preparato per 9 anni ed ha fallito molte volte fino a che, alla fine, è riuscito a diminuire quel tempo, nel maggio del 1945. Tuttavia, anche se sembrava una cosa impossibile, il limite dei 4 minuti è stato superato di nuovo solo 6 settimane dopo e poi, nei successivi 9 anni, più di 200 persone hanno battuto il record. La credenza che fosse una cosa impossibile era cambiata.

Neurologicamente, le credenze sono associate al sistema limbico e all'ipotalamo. Di conseguenza, dato che sono prodotte dalle strutture più profonde della mente, le credenze provocano cambiamenti nelle funzioni fisiologiche fondamentali dell'organismo, essendo responsabili di molte nostre risposte inconsce. Questa stretta relazione tra credenze e funzioni fisiologiche rende possibile che una e l'altra influenzino in modo notevole il campo della salute e della guarigione, come dimostrato dall'effetto placebo.

Tutti abbiamo delle credenze che agiscono come risorse, insieme ad altre che ci limitano e sono particolarmente difficili da cambiare con il pensiero logico e tradizionale. Fortunatamente, la programmazione neurolinguistica offre strumenti poderosi con cui possiamo rimodellare e trasformare credenze potenzialmente limitanti, in noi e negli altri.

Per comprendere meglio le credenze, useremo una metafora. Le credenze sono come un tavolo, e le zampe sono i riferimenti e le esperienze passate che fanno da base "all'idea" su cui si basa la suddetta credenza. Possiamo sviluppare credenze su qualunque cosa se troviamo le "zampe" sufficienti (abbastanza esperienze di riferimento) su cui poggiarle. La cosa interessante è che i riferimenti possono essere le nostre stesse esperienze, quelle di un'altra persona e possono anche essere esperienze immaginate con abbastanza intensità emozionale da avere la certezza che siano accadute davvero.

Il modo più efficace per cambiare una credenza consiste nell'associare un forte dolore ad un'antica credenza, e associare un grandissimo piacere all'idea di adottare una nuova credenza. Ricorda che tutto quello che facciamo si basa sulla necessità di evitare il dolore, oppure per il desiderio di ottenere qualcosa di piacevole.

Quindi, per indebolire ed eliminare una credenza che ci toglie potere, chiediti: quanto è ridicola e assurda questa credenza? Vale la pena imitare questa persona che mi ha passato questa credenza, in questo campo specifico? Quanto mi costerebbe, emozionalmente, non disfarmi di questa credenza? Quale sarebbe il costo per le mie relazioni? E il costo fisico? E quello economico? E quello professionale? Associa un forte dolore alle tue credenze limitanti e prendi la decisione di sostituirle, ad esempio, con il loro opposto. Potrebbe essere, "Non sono fatto per parlare in pubblico. Le persone che hanno questa credenza si allontanano da ciò che le circonda e non raggiungono il livello di successo che desidero per me. L'unico modo per mettere in evidenza il mio lavoro è poter comunicare le mie idee agli altri, a livello professionale e personale".

Ti ricordo ancora che, in questa prima parte sulla programmazione neurolinguistica, apprenderai ad utilizzare le tecniche su te stesso prima di applicarle agli altri. Voglio insistere su questo, anche a costo di passare per noioso, dato che voglio accertarmi che tu tenga a mente l'obiettivo finale di questo libro. Imparare ad utilizzare schemi di linguaggio per persuadere. Non pensare che sia il libro sbagliato. Ricorda che alla fine tutti i pezzi si uniranno per formare una nuova e straordinaria capacità di persuasione.

Continuiamo, allora. Molte credenze limitanti nascono come conseguenza di domande a cui non è stata data una risposta sul "come". Ad esempio, se una persona non sa come fare una determinata cosa, la conseguenza più probabile è che sviluppi la credenza che "sia incapace di portare a termine quella cosa". Di conseguenza, è importante che, per te o per la persona che vuoi persuadere, tu possa fornire una risposta ad una serie di domande sul "come". Ad esempio, per affrontare la credenza "è pericoloso mostrare le proprie emozioni", dovresti rispondere alla domanda "Come posso mostrare le mie emozioni e allo stesso tempo restare al sicuro?"

Un altro modo molto pratico per indebolire credenze indesiderate consiste nello scoprire "controesempi". Un controesempio è un esempio, un'esperienza o un frammento di informazione che non si accorda ad una certa generalizzazione del mondo. Si tratta di un modo molto semplice e potente di valutare e interrogarsi riguardo a delle credenze indesiderate, dato che non necessariamente screditano un'affermazione della credenza, ma mettono in dubbio la sua "universalità" e, spesso, la pongono in una prospettiva più ampia. Spesso, le credenze ottengono il loro massimo potere limitante quando sono espresse in termini universali con parole come "tutti", "mai", "sempre", "nessuno", ecc. Non è la stessa cosa dire "Non sono bravo a persuadere perché non ho l'esperienza necessaria" piuttosto che "Non sarò mai bravo a persuadere perché mi manca l'esperienza necessaria".

Un controesempio non significa necessariamente che la credenza sia sbagliata, ma che semplicemente si accetta che il fenomeno della credenza sia più complesso di quanto si era creduto inizialmente, e questo apre le porte al potenziale per altre prospettive e possibilità. Come potrai immaginare, questo è un punto fondamentale quando stai cercando di persuadere una persona che ha delle credenze fortemente radicate.

Ad esempio, analizziamo la credenza "se una persona aggrotta la fronte, significa che è arrabbiata". Per cercare un controesempio, potremmo prima chiederci:

Può verificarsi A senza B? Ovvero, può capitare che qualcuno aggrotti la fronte quando è felice?

È possibile anche invertire i termini e chiedersi:

Può verificarsi B senza A? ovvero, si può essere arrabbiati anche senza aggrottare la fronte?

Normalmente, l'esercizio di scoprire controesempi permette di raggiungere una comprensione più profonda del fenomeno che stiamo analizzando, ma la cosa più importante è che le credenze sono collegate a livello neurologico profondo, quindi qualunque cambiamento in esse per mezzo di un controesempio, normalmente produce effetti immediati e spettacolari.

Ora facciamo un po' di esercizio. Pensa a qualcuna delle tue credenze limitanti e cerca dei controesempi utilizzando il processo che abbiamo descritto prima. Per trovare le tue credenze limitanti, puoi vedere se utilizzi qualcuno dei seguenti schemi di linguaggio:

- Non merito quello che desidero perché… (Cos'è che ti impedisce di ottenere quello che desideri?)

- Se ottengo quello che voglio, allora… (Cosa potrebbe succedere di male, o cosa potresti perdere?)

- Voler essere diversi è sbagliato perché… (Cosa c'è di male?)

- La situazione non cambierà mai perché… (Quali ostacoli fanno sì che la situazione non possa cambiare?)

- Non posso avere quello che desidero perché… (Cos'è che rende quello che desideri impossibile da raggiungere?)

Ad esempio, riguardo la credenza "Non merito quello che desidero, perché non mi sono impegnato abbastanza", cerca casi di A senza B. Ti viene in mente qualcuno che non abbia fatto alcuno sforzo (come un bambino appena nato), e che nonostante tutto meriti di ottenere quello che desidera? Cerca anche casi di B senza A. Ti viene in mente qualche esempio di persone che non meritano di ottenere quello che desiderano, nonostante si siano impegnati per ottenerlo? (Ad esempio, ladri e assassini).

Fai pratica con questo esercizio, non lo sottovalutare. Ti prenderà solo pochi minuti, e ti aprirà gli occhi a nuove prospettive. Ora che hai compreso il modo di indebolire le credenze, è il momento di continuare questo magnifico viaggio di comprensione sul funzionamento della nostra mente. Di seguito, parleremo dei condizionamenti.

Condizionamenti

Un condizionamento è uno stimolo che ti ricorda determinati eventi e può cambiare il tuo stato, sia positivamente che negativamente. Quindi, si tratta di qualcosa di molto potente, perché ci consente di accedere istantaneamente a stati di grande forza, o grande debolezza, anche se è difficile volere quest'ultima, non credi?

Questi stimoli possono comprendere tutti i sensi (vista, udito, tatto, gusto e olfatto) e possono essere interni ed esterni. Potrebbe trattarsi di una semplice parola, una frase, un contatto, un odore o un oggetto.

Tutti utilizziamo i condizionamenti, costantemente e, in realtà, è impossibile smettere di farlo. Ogni tipo di condizionamento è un'associazione che si crea tra il pensiero, le idee, le sensazioni o gli stati e uno stimolo determinato. Ricordiamo gli esperimenti di Pavlov. Il dotto Ivan Pavlov lasciava annusare la carne ad alcuni cani affamati, che iniziavano a produrre una notevole quantità di saliva, percependo quel potente stimolo, e quando si trovavano in quello stato di intensa salivazione, Pavlov faceva suonare un campanello. Dopo poco tempo, la carne non è stata più necessaria per produrre la salivazione, ovvero, ai cani bastava il suono del campanello e iniziavano a produrre saliva, come se avessero annusato la carne. In questo modo, Pavlov ha creato nei suoi cani un vincolo neurologico tra il suono del campanello, la sensazione di fame e il riflesso della salivazione.

Viviamo in un mondo pieno di situazioni di stimoli e risposte, quindi gran parte del comportamento umano consiste in risposte programmate in modo inconscio, ad esempio, sotto tensione, alcune persone automaticamente fumano, bevono o assumono addirittura droghe. La chiave di quello che stai leggendo in questo momento sta nel prendere coscienza di questo processo, in modo che, se i condizionamenti esistenti dentro di te o dentro gli altri non sono utili, possano essere eliminati e sostituiti da nuovi vincoli stimolo-risposta. Riesci a pensare a qualche situazione in cui ti piacerebbe creare riflessi nelle persone per produrre una risposta determinata basata su uno stimolo creato da te? Molto bene, di seguito imparerai come si creano i condizionamenti.

Se una persona si trova in uno stato molto intenso e, se in queste condizioni, le viene dato simultaneamente un determinato stimolo che coincida con il momento culminante del suddetto stimolo, si creerà tra questo e lo stimolo un vincolo neurologico, allo stesso modo dei cani di Pavlov. In questo modo, ogni volta che verrà utilizzato quello stimolo, in futuro, si genererà lo stesso stato intenso in modo automatico.

Nella maggior parte di noi, nel tempo si sono formati condizionamenti a caso. Siamo bombardati dai messaggi che vengono dalla televisione, dalla radio e dalla vita quotidiana. Alcuni si trasformano in condizionamenti e altri no, e di solito accade per caso. Tuttavia, siamo qui per imparare a creare condizionamenti in modo consapevole. Il processo per creare un condizionamento in se stessi, o negli altri, consiste in due semplici fasi. Innanzitutto, devi portare te stesso, o l'altra persona, esattamente nello stato che desideri condizionare. A questo punto, devi creare per diverse volte lo stimolo specifico ed esclusivo, proprio mentre il soggetto si trova nel momento culminante del suddetto stato.

Un altro modo di creare un condizionamento in un'altra persona è chiederle di ricordare un'esperienza in cui si sia trovata nello stato che si desidera suscitare. L'obiettivo di questo punto è che la persona sperimenti le stesse sensazioni, proprio come se stesse rivivendo l'esperienza. Quando questo accade, potrai osservare i cambiamenti nella sua fisiologia (espressioni facciali, postura, respirazione) e, appena ti rendi conto che si avvicina il momento culminante, devi somministrare rapidamente e per varie volte lo stimolo specifico e ben differenziato, ad esempio, una leggera pressione sul braccio sinistro di quella persona. Ovviamente, queste non sono strategie di persuasione occulta, dato che in questo particolare capitolo stiamo solo imparando a conoscere il funzionamento dei condizionamenti, quindi gli esercizi proposti devono essere fatti con il consenso dell'altra persona.

Affinché il condizionamento sia efficace, la persona deve trovarsi in uno stato del tutto associato e coincidente in tutto il suo organismo, nel momento in cui viene somministrato lo stimolo. Se lo fai quando la persona sta pensando ad altro, lo stimolo si disperderà o verrà associato a segnali diversi. Inoltre, lo stimolo deve essere somministrato nel momento culmine dell'esperienza. Se sei in ritardo o troppo in anticipo, perderà intensità. Per sapere qual è questo stato, puoi osservare la persona, o chiederle direttamente di dirti quando prova la stessa sensazione dell'esperienza originale. Considera anche che lo stimolo deve inviare al cervello un segnale diverso ed inconfondibile, ad esempio una stretta di mano non sarebbe adatta, dato che si tratta di un gesto troppo comune. Per concludere, per fare in modo che il condizionamento funzioni, si deve riprodurre esattamene per varie volte.

Questo è un processo che richiede pratica e, allo stesso modo che per gli esercizi che abbiamo visto finora, il modo migliore per farlo è fare pratica su di te. Ricorda che quando si tratta di apprendere a controllare i processi della mente, tu sei il tuo stesso laboratorio, quindi ora faremo un piccolo esperimento per produrre un condizionamento su di te.

Per questo esercizio devi selezionare tre stati o sensazioni che ti piacerebbe avere a tua disposizione quando ti fa comodo. Condizionali ad una parte specifica del tuo corpo, in modo da potervi accedere facilmente. Diciamo che vuoi avere la capacità di prendere decisioni rapidamente e con sicurezza, e supponiamo anche che per condizionare questa sensazione, decidi di usare la nocca del dito indice della tua mano destra.

Ora pensa ad un'occasione della tua vita in cui ti sei sentito pienamente deciso e sicuro. Immergiti mentalmente in quella situazione e associati completamente ad essa. Rivivi l'esperienza e, nel suo momento culminante, quando ti senti deciso e sicuro al massimo, premi la tua nocca e mentalmente di' a te stesso "Io posso!". Adesso pensa ad un'altra esperienza simile e, quando sei al massimo di questo processo, ripeti la stessa pressione e la stessa frase. Fallo per 6 o 7 volte per accumulare una serie di condizionamenti potenti. Poi, pensa ad una decisione che devi prendere, considera tutti i fattori che devi conoscere per prenderla, e lancia il segnale del condizionamento.

È davvero così semplice, anche se richiede pratica. La padronanza dei concetti e delle capacità della PNL che abbiamo visto finora produce una sinergia incredibile, dato che si potenziano a vicenda. Ho fiducia nel fatto che tu abbia esercitato queste tecniche, e spero che continui ad utilizzarle. Ora, armato di questa conoscenza, potrai inviare segnali potenti alla tua mente o a quella di un'altra persona, per fare in modo che le cose girino a tuo favore. Nella terza parte del libro vedremo una tecnica per "cambiare o indebolire credenze" che utilizza questi principi e che ti permetterà di diventare un comunicatore più efficace.

Ora sappiamo che quello che dici e il modo in cui lo dici influenza gli altri, e può influenzare e persuadere in modi differenti. Ma per utilizzare queste capacità, hai bisogno di ascoltare con molta attenzione quello che viene detto, in modo da notare le parole e le frasi utilizzate dagli altri. Di seguito, per continuare con i concetti di base della programmazione neurolinguistica, parleremo di due concetti molto importanti: i metaprogrammi e il metamodello.

Metaprogrammi e metamodello

I metaprogrammi sono una specie di "filtro" tramite il quale processiamo la realtà e creiamo la nostra mappa del mondo. La nostra mente funziona come un computer che processa un'enorme quantità di informazioni e, tramite i metaprogrammi, organizziamo quelle informazioni in determinate strutture che ci indicano a cosa dobbiamo fare attenzione, a che conclusioni dobbiamo giungere date le nostre esperienze e quali saranno le implicazioni.

Comprendere i metaprogrammi delle altre persone ci permette di costruire un rapporto e comunicare in modo più efficace. Di solito, persone con schemi di linguaggio simili mostrano schemi di comportamento simili. Chiunque ha dei metaprogrammi preferiti e, affinché la comunicazione sia efficace, si devono utilizzare le parole e le frasi nel modo giusto per l'altra persona o, in altre parole, devi dire la cosa giusta, nel modo giusto e al momento giusto.

Normalmente, i metaprogrammi sono espressi sotto forma di coppie, e i poli che le compongono esprimono forme opposte di percepire e processare le informazioni. Di seguito, vedremo alcuni esempi dei principali metaprogrammi. Ricorda che questa non è un'analisi esaustiva sui metaprogrammi, dato che al fine di questo libro non sarebbe necessaria, ma ti fornirò le informazioni che considero "sufficienti" per il nostro obiettivo: migliorare la nostra capacità di persuasione.

Allontanarsi/Avvicinarsi

Allontanarsi: le persone guidate da questo metaprogramma tendono ad evitare, escludere, riconoscere problemi e prevenire. Di solito si concentrano sugli aspetti negativi e sull'evitare i problemi. Per trattare con le persone che utilizzano questo metaprogramma devi utilizzare parole o frasi in negativo, o che allontanino la persona dalla situazione, ad esempio, "Se non realizzi questo progetto, puoi lavorare su…", "Se non raggiungi l'obiettivo, allora…"

Avvicinarsi: le persone che utilizzano questo metaprogramma tendono a focalizzarsi sull'ottenere, raggiungere e conseguire. Di solito si concentrato sugli aspetti positivi e sul raggiungimento degli obiettivi. Per trattare con le persone che utilizzano questo metaprogramma devi utilizzare parole o frasi positive, o che avvicinino la persona ad un obiettivo, ad esempio, "Puntiamo ad un aumento del 5% delle vendite, per il prossimo mese", "Il beneficio di vincere una sfida è…"

Generale/Dettaglio

Generale: le persone che utilizzano questo metaprogramma tendono ad utilizzare le immagini generali e una visione panoramica. Per trattare con le persone che utilizzano questo metaprogramma devi utilizzare parole o frasi che ricordano l'immagine generale, ad esempio, "In generale, che vuole dire questo?"

Dettaglio: le persone che utilizzano questo metaprogramma tendono a concentrarsi sui dettagli, sulle sequenze, sull'esattezza e sulla precisione. Per trattare con le persone che utilizzano questo metaprogramma devi utilizzare parole o frasi relazionate con i dettagli, ad esempio, "Il secondo trimestre dell'anno prossimo la nostra crescita sarà del 15%."

Interno/Esterno

Interno: le persone che utilizzano questo metaprogramma tendono a focalizzarsi sull'interno, sull'utilizzo dei propri sentimenti e sull'autocontrollo, gli piace prendere le proprie decisioni. Per trattare con le persone che utilizzano questo metaprogramma devi utilizzare parole o frasi che riguardano i sentimenti personali, ad esempio, "Dipende da te, decidi tu."

Esterno: le persone che utilizzano questo metaprogramma tendono ad essere dipendenti dagli altri. Sentono che il controllo è nelle mani delle altre persone e hanno bisogno di essere rassicurati. Per trattare con le persone che utilizzano questo metaprogramma devi utilizzare parole o frasi che riguardano le altre persone, ad esempio, "Il mio capo ha detto che non puoi farlo", "Per altre persone, questo ha funzionato".

Orientato al passato/Orientato al futuro

Orientato verso il tempo passato: le persone che utilizzano questo metaprogramma tendono a concentrarsi sul passato. Per trattare con le persone che utilizzano questo metaprogramma devi utilizzare parole o frasi sul passato, ad esempio, "L'ultima volta che hai fatto questa presentazione…"

Orientato verso il tempo futuro: le persone che utilizzano questo metaprogramma tendono a concentrarsi sul futuro. Per trattare con le persone che utilizzano questo metaprogramma devi usare parole o frasi sul futuro, ad esempio, "Tra cinque anni voglio essere…"

Opzioni/Procedimenti

Opzioni: le persone che utilizzano questo metaprogramma tendono a provare cose nuove e si focalizzano sulle scelte. Gli piace cambiare e apprezzano le differenti possibilità. Iniziano vari progetti, ma non sempre li portano a termine. Per trattare con le persone che utilizzano questo metaprogramma devi utilizzare parole o frasi sulle scelte, ad esempio, "Puoi scegliere il colore che preferisci".

Procedimenti: le persone che utilizzano questo metaprogramma tendono a seguire regole prestabilite. Seguono metodi e procedimenti. Gli piacciono le istruzioni precise, rispettano i limiti di velocità, ecc. Per trattare con le persone con questo metaprogramma devi utilizzare parole o frasi che fanno riferimenti chiari, ad esempio, "Devi seguire i passi dall'1 al 10 in ordine".

Proattivo/Reattivo

Proattivo: alle persone che utilizzano questo metaprogramma piace realizzare cose, avere il controllo e agire. Gli piace essere al comando, trovare soluzioni, avanzare più rapidamente. Per trattare con le persone che utilizzano questo metaprogramma devi usare parole o frasi relazionate all'azione, ad esempio, "Devi farlo ora".

Reattivo: le persone che utilizzano questo metaprogramma tendono ad aspettare che gli altri prendano il controllo. Analizzano possibilità e obiettivi, aspettano istruzioni, avanzano lentamente. Per trattare con le persone che utilizzano questo metaprogramma devi usare parole o frasi relazionate all'attesa, ad esempio, "Aspettiamo e vediamo cosa dice l'amministratore

Questi metaprogrammi ti danno un'idea delle tendenze dei nostri pensieri e dell'importanza delle parole che utilizziamo. Ora, per concludere questo capitolo sui concetti base della PNL, parleremo del metamodello.

Per chiunque sia interessato alla PNL, il metamodello è uno strumento incredibile ed è il primo che si insegna nei corsi certificati. È l'ideale per chiarire il concetto di pensiero, rinquadrare credenze limitanti e mostrare come i processi di pensiero di una persona influiscono sul suo comportamento.

In ogni conversazione, utilizziamo inconsciamente 3 filtri o processi. Questi filtri sono l'eliminazione, la distorsione e la generalizzazione. I filtri trasformano quello che sperimentiamo con i nostri sensi in pensieri, e possono funzionare in modo positivo o negativo. I tre filtri sono: eliminazione, distorsione e generalizzazione.

L'eliminazione consiste nell'essere selettivi sulle esperienze e omettere certe informazioni, quindi una parte di esse viene cancellata; ad esempio, si può dire che un progetto va bene perché gli obiettivi sono stati raggiunti, e omettere che i costi hanno superato il budget.

La distorsione si basa sull'utilizzo di parole o azioni di altre persone per creare un significato che non è necessariamente vero, ad esempio, quando senti qualcuno ridere e pensi che stia ridendo di te.

La generalizzazione consiste nel credere che qualcosa sia universalmente vero, basandosi su un'esperienza limitata. Con le generalizzazioni, inconsciamente sviluppiamo regole che possono essere giuste o sbagliate. Le parole per generalizzare possono essere "sempre", "mai", "tutto", "niente", ecc.

Ma come possiamo compensare l'utilizzo dei filtri quando comunichiamo?

Come vedrai più avanti, le domande sono le risposte. Ovvero, quando si identifica un filtro nel linguaggio, si possono fare varie domande per ottenere una comprensione migliore di quello che si sta dicendo. Queste domande possono aiutare a riunire più informazioni (in caso di eliminazione), chiarire un significato (in caso di distorsione) e identificare una limitazione (in caso di generalizzazione). Vediamo alcuni esempi.

Quando identifichiamo il filtro dell'eliminazione, ovvero quando individuiamo un'omissione, il nostro obiettivo sarà riunire più informazioni per chiarire il messaggio, quindi dovremo fare domande del tipo: cosa? Dove? Quando? Come? Chi? Possiamo utilizzare anche parole come "esattamente", "nello specifico", "precisamente". Ad esempio, se qualcuno dice "è andata bene", potresti chiedere "Quale aspetto nello specifico è andato bene?"

Quando identifichiamo una distorsione o un cambiamento di significato, il nostro obiettivo sarà comprendere il vero significato del messaggio o dell'esperienza, quindi potremmo fare domande relazionate al come e alle prove, ad esempio: chi lo dice? Come lo sai? Per esempio, se qualcuno dice "Se durante la cena di lavoro ti fanno sedere accanto al direttore, significa che verrai promosso", potresti chiedere "In che modo questo potrebbe garantire una promozione?

Quando identifichiamo una generalizzazione, ovvero, quando a partire da un'esperienza specifica si crea un principio generale, il nostro obiettivo sarà ampliare la conversazione oltre i limiti stabiliti dall'altra persona. In questo caso, potremmo fare domande per assicurarci che qualcosa succede effettivamente sempre, o mai. Ad esempio, se qualcuno dicesse: "Va tutto storto", potremmo chiedere "Tutto o solo un aspetto?" O se qualcuno dice "Succede sempre così", potremmo chiedere "Sempre o solo a volte?

Il problema con il metamodello è che può risultare un po' complicato da dominare. Alla maggior parte di noi costa fatica fare certe cose se non abbiamo un processo nella mente, ed è per questo che alcuni anni fa, Genie LaBorde ha realizzato una versione semplificata del metamodello (basata sul lavoro di John Grinder) "**I cinque indicatori**". Questo processo rappresenta limitazioni, generalizzazioni e distorsioni comuni nella comunicazione che creano confusione, ambiguità, interpretazioni (più che osservazioni) e supposizioni.

I cinque indicatori sono i seguenti:

1. Sostantivi (Cosa esattamente? O chi?)

2. Verbi (Come esattamente?)

3. Regole (Cosa accadrebbe se…?)

4. Generalizzazioni (Tutto…? Sempre…? Mai…?)

5. Comparazioni (Meglio di cosa? Comparato a cosa?)

Genie li ha chiamati i cinque indicatori perché ha associato ognuno di essi ad un dito della mano, in modo da apprenderli più rapidamente e avere un tempo di reazione minore quando ci imbattiamo in una violazione del metamodello. Il dito indice rappresenta i sostantivi, il medio i verbi, l'anulare le regole, il mignolo le generalizzazioni e il pollice le comparazioni.

Vediamo la seguente frase, piena di violazioni al metamodello: "Dicono che il cambiamento climatico distruggerà il pianeta in pochi anni".

Come possiamo demolire questa credenza? Da dove possiamo iniziare?

Pensaci per un momento e cerca di trovare una strategia. Una volta che l'hai trovata, continua a leggere.

Ce l'hai?

Molto bene, ora confrontiamola con quella di Genie Laborde. Genie raccomanda di iniziare con i sostantivi non specificati. Quindi riprendendo l'esempio potremmo chiedere "Chi è che dice che il cambiamento climatico distruggerà il mondo?". "Esattamente quale cambiamento climatico distruggerà il mondo?" Ora possiamo andare avanti con il verbo, distruggere. "Esattamente come sarà distrutto il mondo?" E andiamo avanti così per indebolire la credenza.

Ora è il tuo turno.

Come applicheresti i cinque indicatori se qualcuno ti dicesse le seguenti frasi?

- "Tutti mi odiano".

- "Non funzionerà mai".

- "È più adatto di me per quel compito".

- "Non ci riuscirò mai".

- "Non potrò mai comprarlo".

Il metamodello dei cinque indicatori può portare la tua capacità comunicativa ad un nuovo livello, anche se il problema, come per il resto delle tecniche della PNL, è che la maggior parte delle persone che le studia poi non le utilizza. Il metamodello è fondamentale per comunicare e comprendere le persone con cui abbiamo a che fare in tutti gli ambiti della vita, quindi ti raccomando di imparare ad utilizzarlo. Prenditi qualche minuto per dominare e applicare queste informazioni, dato che ti torneranno particolarmente utili quando dovrai trattare con le obiezioni. Più avanti vedremo degli schemi di linguaggio specifici per affrontare le obiezioni, anche se questo strumento da solo basta già per creare un vantaggio nella tua capacità di persuasione.

Di seguito impareremo nuovi strumenti di PNL per ridefinire e modificare la focalizzazione, in te stesso e negli altri.

Schemi di ridefinizione per cambiare il punto focale dell'attenzione

Questo è uno strumento puro della PNL, sviluppato per il miglioramento personale e per essere applicato su te stesso. Quindi, in questa prima parte del libro, imparerai ad utilizzarlo per migliorare il tuo modo di comunicare e, nella parte 3, imparerai schemi specifici che utilizzano questo principio per persuadere e influenzare.

Abbi fiducia in me. Abbi pazienza e leggi il libro in ordine. La mia intenzione è fornirti strumenti pratici ed efficaci di persuasione, e il modo migliore per provare immediatamente la loro efficacia è mettere in pratica questi strumenti su di te. Quindi, leggi questi schemi di ridefinizione, utilizzali nella tua comunicazione e osserva i risultati.

Nella loro forma più semplice, gli schemi di ridefinizione consistono nel cambiare un giudizio negativo in uno positivo. Nel caso della persuasione, l'idea è fare in modo che l'altra persona passi da uno stato di opposizione e resistenza ad uno di accettazione e fiducia. Gli schemi di ridefinizione sono uno dei mezzi più potenti che esistono per cambiare le proprie opinioni e quelle degli altri, riguardo un'esperienza o una situazione particolare.

Vediamo 3 schemi che puoi utilizzare per ridefinire e cambiare il punto focale dell'attenzione.

Schema 1: Intenzione positiva

Questo schema consiste nell'esplorare una "intenzione positiva" nascosta dietro il comportamento di una persona. È particolarmente utile quando ti confronti con obiezioni o persone che resistono alla tua idea. Ad esempio, un adolescente può sentirsi attaccato se i suoi genitori criticano costantemente le sue idee, ma questa sensazione può scomparire quando gli si dimostra che c'è un'intenzione positiva dietro il comportamento dei suoi genitori. Ovvero, la tua funzione sarà individuare ciò che manca ad un'idea o ad un piano per trasmettere una prospettiva favorevole e in questo modo evitare i problemi.

Questo schema sarà particolarmente utile quando dovrai avere a che fare con persone critiche. I "critici" sono considerati frequentemente come le persone più difficili con cui trattare durante un'interazione, e questo è dovuto alla loro apparente negatività e alla loro tendenza a trovare problemi nelle idee e nei suggerimenti degli altri. Gli piace agire da una "struttura problema", o "una struttura fallimento", a differenza dei sognatori, che agiscono da una "struttura positiva", mentre invece i realisti lo fanno da una "struttura obiettiva" o una di "retro-alimentazione".

Uno dei problemi principali con le critiche è che di solito vengono espresse come giudizi generalizzati assoluti, ad esempio, "questa idea non funzionerà mai" oppure "non è un piano realistico", ecc. Il problema con questo tipo di generalizzazioni verbali è che, data la forma in cui sono espresse, non lasciano molte opzioni oltre essere totalmente d'accordo o totalmente in disaccordo con esse. In questo modo, la critica conduce ad una polarizzazione e alla fine al conflitto, se non ci si mostra d'accordo essa.

I problemi più difficili si presentano quando la critica non si limita a colpire l'idea o il piano, ma giudica anche la persona. Nonostante tutto, è importante non perdere di vista il fatto che il comportamento critico, come qualunque altro tipo di comportamento, è motivato dalla sua intenzione positiva corrispondente. Di conseguenza, fai uno sforzo e trova l'intenzione positiva dietro la critica per iniziare a lavorare da lì.

Un altro dei problemi con le critiche è che solitamente sono espresse in termini di negazioni verbali, ad esempio, "evitare lo stress" invece di "sentirsi più rilassato", ovvero, molte critiche vengono inserite in un contesto di termini che esprimono ciò che non si vuole invece di ciò che si vuole. Quindi, una capacità fondamentale per trattare le critiche e trasformare i problemi in qualcosa di oggettivo è la capacità di riconoscere l'intenzione positiva della critica ed esprimerla in termini di affermazione positiva.

A quel punto, una volta che l'intenzione positiva è stata individuata ed è stata espressa in termini positivi, la stessa critica può essere trasformata in una domanda. Trasformando una critica in una domanda, le opzioni di risposta sono completamente diverse rispetto a quando era stata esposta in forma di giudizio o generalizzazione. Ad esempio:

Invece di dire "È troppo caro" potresti dire "Come potrei fare per permettermelo?".

Invece di dire "Non funzionerà mai" potresti dire "Come potrei mettere in pratica questa idea?".

Invece di dire "Richiede uno sforzo eccessivo", potresti dire "Come potrei renderlo più facile e semplice?".

Trasformando la critica in domanda, facciamo in modo di mantenere il proposito della critica, ma il suo risultato è molto più produttivo. È importante notare che si tratta principalmente di domande relazionate al "come". Le domande associate al "perché" normalmente presuppongono altri giudizi che possono derivare allo stesso modo da un disaccordo.

Per riassumere, per affrontare una critica e convertirla, almeno, in una critica costruttiva, dobbiamo:

1. Scoprire il proposito positivo nascosto dietro la critica.

2. Assicurarci che l'intenzione positiva sia espressa e venga inquadrata positivamente.

3. Convertire la critica in una domanda, preferibilmente utilizzando il "come".

Ora vediamo lo schema seguente.

Schema 2: Analogie o metafore

Nella PNL chiamiamo questa tecnica di frammentazione laterale, e consiste praticamente nel cercare metafore che portino ad una nuova prospettiva riguardo le implicazioni delle generalizzazioni o del giudizio di chi ascolta. Ad esempio, possiamo dire che "l'incapacità di apprendere" è come "un bug in un programma informatico". Questo porterebbe chi ascolta ad una nuova posizione da cui può formulare domande come "Dov'è l'errore?", "Qual è la causa e come si può correggere?".

Tutte le metafore portano benefici in un contesto e limitazioni in un altro, quindi devi sceglierle con attenzione e intelligenza per fare in modo che approfondiscano ed arricchiscano il tuo messaggio.

Le metafore possono cambiare il significato che viene associato a qualunque cosa, cambiare quello che si vincola al dolore e al piacere, e perfino trasformare la vita delle persone, quindi dovrai diventare un "detective delle metafore". Ogni volta che senti qualcuno utilizzare una metafora che pone dei limiti, intervieni ed offri una nuova metafora. Qui, ancora una volta, la chiave è la pratica. Nessuna delle tecniche e degli schemi di linguaggio che apprenderai in questo libro funzionano per magia solo perché li hai letti. Mettiti al lavoro e cerca metafore da includere nelle tue interazioni.

Schema 3: Cambio di obiettivo

Un obiettivo specifico crea un tipo di struttura che determina ciò che viene percepito come rilevante e lo pone all'interno del contesto, oltre a determinare ciò che viene percepito come irrilevante e che viene posto fuori dalla struttura. Di conseguenza, comportamenti diversi saranno percepiti come rilevanti o irrilevanti a seconda degli obiettivi della persona che li percepisce. In questo modo, cambiando gli obiettivi di una persona, cambiano anche i giudizi e le percezioni di ciò che viene considerato rilevante per quel contesto specifico.

Ad esempio, supponiamo che una persona si senta frustrata per non essere riuscita ad ottenere i risultati desiderati in una certa attività. È comune che le persone possano sentirsi così dopo aver stabilito l'obiettivo di "fare tutto bene". Tuttavia, se si riesce a trasmettergli l'idea che l'obbiettivo è "esplorare", "apprendere" o "scoprire qualcosa di nuovo", forse potrai alterare il loro modo di interpretare le esperienze che si susseguono. Quello che sarebbe stato un fallimento, seguendo l'obiettivo "fare tutto bene" diventa un successo quando si tratta di "scoprire qualcosa di nuovo". Vediamo un esercizio e mettiamo in pratica questo schema su di te:

1. Pensa ad una situazione in cui ti senti frustrato o fallito. Ad esempio, "Parlare in pubblico davanti ai miei colleghi e il direttore della mia azienda."

2. Qual è il giudizio negativo che hai fatto su di te o sugli altri riguardo questa situazione? Ad esempio "Se mi innervosisco parlando in pubblico, darò prova di debolezza e insicurezza."

3. Qual è l'obiettivo implicito in questo giudizio? Ad esempio "Non devo innervosirmi quando parlo in pubblico."

4. Con quale altro obiettivo potresti cambiare l'obiettivo attuale e fare in modo che il giudizio negativo sembri meno rilevante o ti permetta di vedere le conseguenze della situazione come un insegnamento invece che come un fallimento? Ad esempio, un nuovo obiettivo potrebbe essere "Parlare con la maggior quantità possibile di persone per imparare da ogni esperienza."

Dal punto di vista della PNL, cambiare con un altro obiettivo serve a "inquadrare" la nostra percezione dell'esperienza, e l'inquadramento è uno dei processi fondamentali per il cambiamento. Riesci a vedere come questo nuovo obiettivo ti dia la sensazione di compimento e soddisfazione indipendentemente da ciò che accade? Questo non significa che ci accontentiamo della mediocrità, ma al contrario, ci lascia in una posizione migliore per continuare a praticare ed affinare le nostre capacità.

Siamo arrivati fino qui con la prima parte di questo libro, apprendendo i concetti di base della programmazione neurolinguistica. Spero che, se questo è stato il tuo primo approccio alla scienza del successo, io sia riuscito a trasmetterti un'idea di quanto possano essere poderosi i suoi strumenti e come possono aiutarti a potenziare le tue abilità di comunicazione e persuasione. Se invece avevi già delle conoscenze di PNL, spero che questo sia stato un ripasso utile e che ti abbia dato l'impulso per riprendere la pratica di queste tecniche. Di seguito, approfondiremo il tema che ci ha riuniti: la persuasione. Quindi, nei capitoli seguenti parleremo dei principi di persuasione e delle regole per una comunicazione di successo. In seguito, nella terza parte del libro, vedremo gli schemi di linguaggio.

Parte 2 - Principi di persuasione

"Infrangi la tua ossessione per ciò che sei deciso a dire, e in cambio pensa a ciò che ascolterai."

In questo capitolo vedremo i principi generali di persuasione che supportano gli schemi di linguaggio che apprenderemo nel capitolo seguente. Il contenuto di questo capitolo è abbastanza potente da incrementare la tua capacità di persuasione subito dopo averlo letto, ma quando la usi insieme agli schemi di linguaggio che vedremo più avanti, la combinazione sarà imbattibile. Quindi, senza ulteriori preamboli, cominciamo con i principi di persuasione di Cialdini.

I principi di persuasione di Cialdini

Non possiamo parlare di persuasione e influenza senza prima parlare dei principi di persuasione di Robert Cialdini. Probabilmente Robert Cialdini è uno dei maggiori esperti del mondo per quello che riguarda influenza e persuasione. Dopo decenni di ricerche e studi, Cialdini ha identificato le aree fondamentali dell'influenza e, di seguito, vedremo questi 5 principi e come possono essere utilizzati per influenzare gli altri.

Principio 1: Reciprocità

Gli esseri umani si sono evoluti per essere creature sociali e, di conseguenza, la gente tende a ricambiare i favori. Se qualcuno dice o dà qualcosa di utile ad un'altra persona, quella persona di solito sente una necessità istintiva di "ripagare" questo favore. Un esempio perfetto dell'utilizzo del principio di reciprocità sono gli Hare Krishna. Ti danno un fiore (o in alcuni casi un libro) e ti dicono che si tratta di un regalo. Tuttavia, appena il "regalo" viene accettato, il discepolo chiede una donazione. Questa tecnica ha aumentato in modo considerevole le donazioni che ricevono.

Esistono, virtualmente, modi infiniti di utilizzare il principio di reciprocità a tuo favore, ma ricorda questo:

Normalmente, quando facciamo un favore a qualcuno, perdiamo l'opportunità di approfittare di questo principio. Quando ci ringraziano, siamo abituati a dire "Non preoccuparti" oppure "Tranquillo, non è niente". Così facendo, stai sminuendo involontariamente il favore che hai fatto. Hai fatto passare l'idea che davvero non sia niente di che, e quindi cosa sentirà chi ti sta intorno? Sentirà di non doverti nulla. Da ora in poi, di' "So che tu avresti fatto lo stesso per me". Né più, né meno. Si tratta di una risposta amichevole, ma lascia comunque la sensazione di dubbio e lo spazio per essere ricambiato. Assicurati di utilizzare il potere della reciprocità a tuo beneficio e non togliere importanza ai favori che hai fatto agli altri.

Principio 2: Impegno e coerenza

Impegnarsi per raggiungere un obiettivo o un'idea, sia in modo scritto che orale, fa in modo che sia significativamente più probabile che una persona mantenga l'impegno, anche se non ha un incentivo per farlo, o se la motivazione o l'incentivo iniziale svaniscono dopo aver fatto l'accordo. La ragione dietro questo principio è che l'impegno ci fa desiderare di essere coerenti con l'immagine che abbiamo di noi.

Uno studio condotto a metà degli anni Sessanta dagli psicologi Jonathan Freedman e Scott Fraser ha dimostrato questo fatto chiedendo ad alcuni proprietari di montare un cartellone grande e brutto sulle proprie case che diceva "GUIDA CON PRUDENZA". Ovviamente, era una richiesta assurda e abbastanza stravagante, quindi solo il 17% dei proprietari ha accettato quella richiesta folle quando i ricercatori sono andati di porta in porta facendosi passare per dei volontari.

Tuttavia, è bastato un piccolo aggiustamento, apparentemente insignificante, nella loro richiesta, e i ricercatori sono riusciti ad ottenere che quella percentuale raggiungesse addirittura il 76%.

Come sono riusciti ad ottenere una risposta così incredibilmente diversa?

Ecco la soluzione: due settimane prima, i ricercatori avevano chiesto ai proprietari di mostrare un piccolo cartello di 3 pollici che diceva "SII UN CONDUCENTE PRUDENTE". Dato che questa richiesta era minima, praticamente sono stati tutti d'accordo. Tuttavia, quando un altro "volontario" è tornato un paio di settimane dopo, quei proprietari si sono dimostrati molto più ricettivi alla seconda richiesta di un cartellone più grande.

Perché accettare di affiggere un cartello della misura di un biglietto da visita ha portato i proprietari ad essere disposti a sacrificare il loro cortile per un cartellone della misura di un manifesto?

Gli esseri umani hanno la tendenza naturale ad essere coerenti in tutti i campi della propria vita. Una volta che qualcuno si impegna in qualcosa, prende una decisione, compie un'azione o prende una posizione, si sforza di fare in modo che tutti i futuri comportamenti siano coerenti con quel primo comportamento. Questo principio di impegno e coerenza spiega perché la tecnica del piede nella porta è così efficace (vedremo questa tecnica nella terza parte del libro).

Di conseguenza, per utilizzare il principio di compromesso e coerenza a tuo favore, devi fare in modo che qualcuno faccia qualcosa di piccolo per stabilire un minimo compromesso con la sua immagine di sé, e a qual punto sarà più probabile che mantenga quell'impegno e accetti richieste maggiori, coerenti con quell'immagine di se stesso.

Principio 3: Prova sociale

Immagina di guidare in una città dove non sei mai stato. Hai fame. Ci sono due ristoranti. Uno ha il parcheggio pieno e la fila dei clienti arriva fuori dal locale. L'altro ristorante è praticamente vuoto. Non c'è quasi nessuno.

In quale vai?

In 9 casi su 10, le persone scelgono quello pieno. Non andranno lì "nonostante" sia pieno, ma "perché" è pieno. La supposizione è che, se tutti gli altri sono lì, significa che probabilmente è un ristorante migliore dell'altro.

Questa è la prova sociale in azione.

La prova sociale è la ragione per cui vediamo tante campagne pubblicitarie con slogan del tipo "Unisciti ad altri 300.000 membri soddisfatti" oppure "Utilizzato da milioni di clienti soddisfatti", o ancora "Come si vede in TV".

La prova sociale è uno dei metodi di persuasione più potenti. Utilizzala mostrando testimonianze, opinioni, persone che usano il tuo prodotto, la quantità di prodotti venduti, ecc. Puoi utilizzare la prova sociale anche in situazioni minori, come creare consensi, ad esempio, se la maggior parte delle persone è d'accordo con qualcosa, allora quelli che sono meno sicuri saranno più propensi ad accettare quel consenso.

Principio 4: Autorità

Le persone tendono ad obbedire alle figure autoritarie, anche se quello che gli viene chiesto di fare è discutibile o, come hanno rivelato alcuni studi, assolutamente non etico.

Un famoso esempio del potere che ha l'autorità apparente sulle persone è l'esperimento Milgram.

Durante l'esperimento Milgram, alcuni ricercatori dall'aspetto autoritario hanno ordinato ai partecipanti di infliggere scariche elettriche forti e dolorose ad alcuni attori (anche se i partecipanti non sapevano che le persone a cui stavano teoricamente dando la scossa erano solo attori), che gridavano e supplicavano che si fermassero. Però, dato il potere schiacciante dell'autorità, praticamente tutti i partecipanti hanno continuato ad obbedire agli ordini e dare la scossa alle loro vittime, che gridavano.

Un altro esempio del potere dell'autorità viene da un giornalista televisivo che ha sistemato un cartello su un bancomat, che diceva "FUORI SERVIZIO. CONSEGNARE I VERSAMENTI ALLA POLIZIA". Con un aspetto autoritario e con indosso un'uniforme della polizia, un distintivo sul petto e un manganello alla cintura, il giornalista è riuscito ad ottenere $10,000 in contanti e assegni in solo due ore. Oltre a questo, è riuscito a farsi dare anche carte di credito, numeri della previdenza sociale, numeri di conti, codici PIN e altre informazioni private dalle persone. Sorprendentemente (o magari proprio come c'era da immaginare), una sola persona si è opposta e ha messo in dubbio l'apparente autorità della polizia. Quando il giornalista ha mostrato la sua vera identità e ha svelato l'inganno, chiedendo alle vittime perché avevano ceduto così facilmente il denaro e le loro informazioni private, tutti hanno risposto praticamente la stessa cosa: "Per l'uniforme".

Ti sembra esagerato?

L'autorità non è solo una questione di forza o di autorità concepita, come quella di un poliziotto. Si tratta anche di apparenza. Immagina di prendere in considerazione l'idea di frequentare un corso per diventare un imprenditore di successo. Hai due opzioni: Seminario A o Seminario B.

Il seminario A è tenuto da un imprenditore che guida una Ferrari, si veste con abiti ricercati, su misura, porta un orologio che sembra valere quanto il tuo stipendio di un anno e, in generale, sembra un imprenditore di gran successo.

Il seminario B è tenuto da un impresario che guida una Toyota del 1998, scassata, è in sovrappeso, apparentemente non si lava i capelli da diversi giorni, e se non fosse per il suo vecchio abito di bassa qualità, sembrerebbe più un macellaio in piena giornata lavorativa che un imprenditore di successo.

Quale seminario sceglieresti? 9 persone su 10 andrebbero al Seminario A, perché in questo caso particolare, la persona che tiene il seminario sembra molto più credibile rispetto al tipo trascurato del Seminario B. Tuttavia, la realtà è che il tipo del Seminario A potrebbe essere un truffatore, anche se lo giudichiamo dalla sua apparenza di persona che ha una buona conoscenza dell'argomento e ci lasciamo persuadere.

Quindi, se è probabile che tu non voglia vestirti da poliziotto, con tanto di cartello e manganello, puoi utilizzare il potere dell'autorità a tuo beneficio mostrando un linguaggio corporeo sicuro e parlare con voce ferma, altisonante e autoritaria.

Principio 5: Piacere

Le persone sono più propense ad essere influenzate o persuase dalle persone che gli piacciono.

Ad un certo punto della mia vita, ho fornito una consulenza ad una compagnia di venditori porta a porta e ho notato una tendenza interessante. I venditori che realizzavano più vendite (e guadagnavano di più grazie alle commissioni), non erano quelli che parlavano con più persone. In effetti, c'era una correlazione quasi negativa tra il numero di clienti potenziali ed il numero di vendite.

Questo dipende dal fatto che i venditori che concludevano la maggior parte delle vendite passavano più tempo con ogni potenziale cliente. Sviluppavano una "relazione". Parlavano con loro, arrivavano a conoscerli e, come risultato, finivano per piacergli, quindi avevano più possibilità di persuaderli. Questo è il potere del piacere.

Tempo fa ho letto un articolo su Forbes ("L'intelligenza è sopravvalutata: cosa serve davvero per avere successo") che si riferiva alle ricerche dello psicologo Premio Nobel Daniel Kahneman. Ciò che le ricerche di Kahneman hanno scoperto è che le persone preferiscono fare affari con qualcuno che gli piace e di cui si fidano (invece del contrario), Questa, ovviamente, non è assolutamente una sorpresa, ma ecco cosa c'è di interessante: le persone preferiscono fare affari con coloro che gli piacciono anche se questi offrono un prodotto o un servizio di qualità minore e ad un prezzo più alto.

Molti dei principi che abbiamo visto sembrano andare contro la logica, ma gli esseri umani non prendono decisioni basandosi sulla logica. L'obiettivo di conoscere questi principi di influenza, è che ci permettono di approfittare delle tre necessità umane di base che fanno muovere tutti noi, e queste tre necessità, o fattori motivanti, sono la chiave per comprendere come influenzare o persuadere le persone (da Cialdini e Goldstein, 2004). Queste necessità sono la spiegazione del perché funzionano gli schemi di linguaggio che vedremo nella terza parte del libro. Ma quali sono queste tre necessità che spingono tutti noi? Le vedremo di seguito.

Necessità di affiliazione

Per la maggior parte, gli esseri umani sono esseri sociali, quindi vogliamo sentirci accettati. Il rifiuto non è una cosa gradevole, e faremmo qualunque cosa pur di evitarlo. Rispondiamo a chi ci fa una domanda, perché in questo modo gli inviamo un messaggio sulla nostra socievolezza. Cerchiamo di piacere agli altri comportandoci in un modo che pensiamo sia attraente, come essere d'accordo con loro o fargli i complimenti. Cerchiamo l'approvazione di persone specifiche, ma non solo, cerchiamo anche l'approvazione della società in generale. Vogliamo che quello che facciamo, pensiamo e crediamo sia in linea con quello che gli altri fanno, pensano e credono. Non è impossibile essere diversi, ma è una cosa difficile.

Le tecniche del piacere e della reciprocità menzionate prima fanno chiaramente leva su nostro desiderio di affiliazione, così come molte altre tecniche di persuasione e influenza, e le persone più brave ad influenzare gli altri approfittano di questa necessità e ci danno qualcosa da seguire.

Necessità di precisione

Le persone a cui non importa fare le cose correttamente non arrivano da nessuna parte nella vita. Per raggiungere i nostri obiettivi in un mondo complesso, dobbiamo cercare costantemente il modo migliore per agire. Potrebbe trattarsi della precisione nelle situazioni sociali, come il modo di comportarsi con il capo o come fare amicizia, o potrebbe essere anche la precisione nelle questioni finanziarie, come il modo di amministrare un'attività. Qualunque sia il conteso, le persone si sforzano sempre di ottenere la risposta "giusta".

Le persone che hanno influenza riescono ad individuare la nostra necessità di fare le cose correttamente e per questo cercano di offrirci qualcosa che si appella alla nostra necessità di precisione. Ad esempio, gli esperti o le figure autoritarie hanno una grande influenza nelle persone perché offrono una visione o un modo "giusto" di fare le cose, soprattutto quelle che non implicano pensare troppo. La tecnica della prova sociale si appella al nostro desiderio di essere precisi perché supponiamo che sia probabile che altre persone abbiano ragione e non vogliamo mostrarci in disaccordo.

Necessità di mantenere un concetto di sé positivo e coerente

La gente vuole proteggere la propria visione di se stessa perché servono molto tempo e sforzi per costruire una visione semi-coerente di sé e del proprio posto nel mondo. Lavoriamo duro per mantenere la nostra autostima, vogliamo continuare a credere in quello che crediamo e vogliamo rispettare gli impegni che abbiamo preso in passato. In un mondo incoerente, dovremmo almeno essere coerenti con noi stessi.

I persuasori e le persone influenti possono sfruttare questa necessità appellandosi al nostro senso di coerenza di sé. Un esempio banale, ma istruttivo, è la tecnica del piede nella porta, che vedremo nella terza parte del libro. In quel caso le persone capaci di influenzare chiedono di accettare una piccola richiesta prima di farne una più grande. Dato che le persone, in qualche modo, sentono che sarebbe contraddittorio accettare una richiesta e poi rifiutarne un'altra, tenderanno a dire di nuovo sì. Come vedrai più avanti, la gente arriva a limiti sorprendenti pur di mantenere una visione positiva di sé.

Tutti vogliamo essere precisi, essere accettati dagli altri e mantenere un buon concetto di noi stessi, anche se raramente siamo consapevoli di queste necessità. Gli schemi di linguaggio che apprenderai in seguito puntano a soddisfare una o più di queste necessità e, con questo in mente, è possibile adattare gli intenti di persuasione alle caratteristiche particolari di chi ascolta, invece di fare affidamento su tecniche generiche. Sia che tu sia al lavoro e devi trattare con il tuo capo, o in casa a discutere con un vicino, potrai trarre vantaggio pensando ai fattori motivanti inconsci degli altri, e in questo modo decidere come costruire il tuo messaggio, secondo le sue necessità.

Ora che conosciamo i principi di influenza e le necessità di base che ogni persona vuole soddisfare, ti starai chiedendo: come possiamo strutturare il nostro messaggio?

Questa è un'ottima domanda. Fortunatamente, esistono delle regole specifiche e degli schemi che ci permetteranno di elaborare e potenziare i nostri messaggi persuasivi. Nel capitolo seguente vedremo quali sono queste regole e ricorda che, anche se ancora non apprenderai nessuno schema di linguaggio, già queste regole da sole sono tecniche di persuasione molto efficaci. Queste regole sono la malta che ti permetterà di unire gli schemi di linguaggio per costruire potenti messaggi persuasivi.

Le regole della comunicazione di successo

Tutte le tecniche e i concetti esposti in questo libro sono assolutamente efficaci e, per la maggior parte, sono stati provati scientificamente. Se decidessi di leggere un solo capitolo di questo libro, ti consiglio di scegliere questo. Sono sicuro che questo capitolo ti aprirà gli occhi al vero mondo della persuasione ed è talmente importante che ti consiglio di mettere una sveglia sul tuo Smartphone per fare in modo di rileggerlo esattamente tra un mese. Abbi fiducia in me e fallo. Nel peggiore dei casi, se non sei d'accordo con il mio punto di vista, quando finirai di leggerlo ti basterà annullare la sveglia e tutto continuerà come prima. D'altra parte, nel migliore dei casi, immagina come sarà la tua vita personale e professionale se disponessi di uno schema di lavoro che ti mostri con totale chiarezza la strada da prendere e i pulsanti emozionali che devi premere per aumentare le tue probabilità di persuadere ed influenza le persone.

Fatto?

Ottimo. Questo è un segno che stai prendendo sul serio il tuo apprendimento e, come con qualunque altro argomento, il compromesso è quello che fa la differenza tra il raggiungimento dell'obiettivo e la semplice perdita di tempo leggendo un libro che dimenticherai presto.

Molto bene. Andiamo avanti.

Come ti avevo già detto all'inizio del libro, mi piace che i miei libri siano brevi e concisi, anche se alcuni preferiscono fare il contrario. La ragione di questa scelta è molto chiara: semplicità. Perché è importante? Lo vedremo di seguito.

Semplicità e ripetizione

William Safire e William F. Buckley sono due dei creatori dei cruciverba del New York Times, e una delle loro regole è: "Evitare parole che potrebbero costringere qualcuno a cercare un vocabolario, perché la maggior parte delle persone non lo farà". Bisogna lasciare che il significato delle parole scivoli dolcemente verso la mente delle persone. Potremmo discutere per tutto il tempo che volete "sull'abbrutimento" della società ma, a meno che tu non parli la lingua del tuo pubblico oggettivo, le persone che vuoi raggiungere non ti ascolteranno.

La semplicità vale oro. La persona media non si è laureata all'università e non capisce la differenza tra casa e dimora. La sofisticatezza è qualcosa che sembra attraente, ma non è affatto ciò che la gente compra. E quando dico comprare, non mi riferisco solamente ai prodotti, ma anche alle idee. In effetti, utilizzare parole lunghe, quando una sola più breve può essere sufficiente, tende a far nascere dei sospetti: "Cos'è che sta cercando di vendermi questo tizio? Ha un motivo nascosto?"

Il linguaggio più efficace chiarisce invece di nascondere. Più un'idea è semplice, più sarà comprensibile e, di conseguenza, più credibile.

Il principio della semplicità vale in quasi tutti gli ambiti della nostra vita. Quando è stata l'ultima volta che hai utilizzato le parole "International Business Machines" invece di "IBM"? O "Federal Express" invece di "FedEx"? O "Kentucky Fried Chicken" invece di "KFC"? Questa preferenza generale per parole e acronimi semplici si riflette anche nella cultura popolare. Anche i film hanno abbreviato i propri nomi, ad esempio, "Terminator 6" è diventato semplicemente "T6", "Mission Impossible" è passato ad essere "MI", "Indipendence Day" è diventato "ID", solo per citarne alcuni.

Anche il nostro comportamento quotidiano si è semplificato. Ora viviamo in un mondo di SMS, emoticon e scriviamo abbreviazioni di parole recentemente coniate. Al giorno d'oggi, processiamo talmente tante informazioni visive e uditive come mai prima d'ora, e non sorprende che molti di noi non abbiamo la pazienza di districare le sfumature più sottili e i significati di molte parole ricercate. Ci piaccia o no, al lavoro, a casa, negli affari e nella nostra vita personale, le cose buone vengono davvero in piccoli pacchetti e in frasi brevi.

Di conseguenza, se devi trasmettere un messaggio importante, fallo in modo semplice e conciso. Sii il più breve possibile. Non utilizzare un paragrafo se è sufficiente una frase. Non utilizzare mai quattro parole se con tre puoi dire la stessa cosa. Anche se devi ricordare questo: non stiamo parlando di utilizzare frasi troppo lunghe o troppo corte, ma le frasi "giuste". Non si tratta di controllare la tua voglia di parlare o scrivere, ma di trovare il pezzo giusto nel puzzle del linguaggio in modo che si adatti allo spazio preciso che stai cercando di riempire.

Ad ogni modo, nonostante tutti i benefici della semplicità, questa non si deve utilizzare da sola. Deve essere combinata con la ripetizione. Questo è ciò che gli psicologi chiamano illusione della verità e si genera, almeno in parte, perché la familiarità produce simpatia. Se veniamo esposti varie volte consecutive ad un messaggio, questo ci diventa familiare. Per il modo in cui la nostra mente funziona, supponiamo che quello che ci è familiare sia anche vero. Le cose familiari hanno bisogno di uno sforzo minore per essere processate, e questa sensazione di facilità suggerisce inconsciamente veridicità (questo fatto è detto fluidità cognitiva).

Come sanno tutti i politici, non c'è molta differenza tra la verità reale e l'illusione della verità. Dato che spesso le illusioni sono più facili da produrre, perché disturbarsi con la verità? Vediamo annunci su uno stesso prodotto un giorno dopo l'altro. I politici ripetono gli stessi messaggi in modo incessante (anche quando non hanno nulla a che vedere con la domanda che gli è stata fatta) e i giornalisti ripetono le stesse opinioni un giorno dopo l'altro.

La gente valuta le affermazioni che sono state ripetute come se fossero più valide o vere di quelle che ascoltano per la prima volta. Considerano le affermazioni come vere anche se la persona che le dice ha mentito ripetutamente (Begg et al., 1992). Sembra troppo semplicistico pensare che la ripetizione di un messaggio persuasivo possa aumentare il suo effetto, ma questo è esattamente quello che hanno scoperto alcune ricerche piscologiche. La ripetizione è uno dei metodi di persuasione più semplici e diffusi. In effetti, è talmente ovvia che a volte dimentichiamo quanto possa essere efficace. Inoltre, quando le persone discutono una questione durante una riunione, si può notare un effetto parallelo. Quando una persona all'interno di un gruppo ripete la sua opinione per alcune volte, le altre persone pensano che quell'opinione sia la più rappresentativa di tutto il gruppo.

Ma quando fallisce la ripetizione?

La ripetizione è efficace in quasi tutti i contesti in cui le persone prestano poca attenzione, ma quando si concentrano e l'argomento è debole, il suo effetto scompare (Moons et al., 2008). In altre parole, non è efficace ripetere un argomento debole a persone che stanno ascoltando attentamente, ma se le persone non sono interessate ad esaminare con attenzione i tuoi argomenti, allora ripetili con sfrontatezza: chi ascolta troverà l'argomento sempre più familiare e, di conseguenza, più persuasivo.

Credibilità ed errori nella comunicazione

Ora pensa a questo: cosa succede quando qualcuno si rivolge ad un pesatore critico e utilizza frasi lunghe e parole complesse per sembrare più professionale? La sua credibilità svanisce immediatamente. Non distruggere la tua credibilità e non cercare di farti passare per furbo. Come ha detto Abraham Lincoln, "Non si possono ingannare tutti per tutto il tempo". Se le tue parole non sono sincere, se contraddicono i fatti, le circostanze o le percezioni comunemente accettate, avranno un impatto debole.

Al Gore, durante la sua campagna presidenziale del 2000 ha dichiarato "Durante il mio servizio al Congresso degli Stati Uniti, ho preso l'iniziativa di creare Internet". Nonostante Gore sia stato il primo leader politico americano a riconoscere l'importanza di internet e promuovere il suo sviluppo, la sua attribuzione di essere "l'inventore" di internet non ha avuto assolutamente nessuna credibilità e, al contrario, si è convertita in un motivo di scherno continuo, pregiudicando in maniera significativa le sue speranze elettorali. Poche cose valgono più della reputazione. Questo è vero tanto per un politico quanto per te come individuo. Le promesse esagerate che derivano da un linguaggio inappropriato possono essere incredibilmente pericolose. Ma come puoi essere credibile? È molto semplice. Di' ad una persona chi sei e cosa fai, dopodiché sii quella persona, fai quello che hai detto che avresti fatto e, infine, ricorda loro cosa saresti stato

Parliamo ora dei principali errori nella comunicazione e come possono essere evitati. Presta attenzione alla seguente citazione:

"Le singole parole controllano la comunicazione. Pro vita, ad esempio, fa diventare automaticamente l'altra fazione pro morte. 'Se siamo pro vita, credo che la gente con cui abbiamo a che fare, sa, [ride] riempia lo spazio in bianco." - Bill Maher, Comico politico

Pensi che abbia senso?

Posizionare una idea a livello linguistico per fare in modo che affermi o confermi il contesto di un pubblico spesso può fare la differenza tra il successo e il fallimento di quella stessa idea. Il fatto è che tutte le parole con definizioni simili generano la stessa risposta. Le persone spesso arrivano a conclusioni diametralmente opposta riguardo ad alcune idee, a seconda di come viene formulata la domanda, anche se il risultato reale di quell'idea è esattamente lo stesso. In effetti, "inquadrare" un'idea perché abbia un certo significato, in realtà definisce i termini della comunicazione. Ricorda gli schemi di

PNL che hai appreso all'inizio del libro in cui, ridefinendo una situazione, puoi produrre un effetto totalmente diverso.

Ad esempio, durante un sondaggio condotto sui cittadini americani, sono state fatte delle domande sulle spese del paese riguardo al "benessere". Il 42% ha detto che le spese erano troppo alte e il 23% che si stava spendendo molto poco (il restante 35% ha detto che la spesa era nella media). Ad ogni modo, in un altro sondaggio, un incredibile 68% degli Americani ha dichiarato che si stava spendendo molto poco per "l'assistenza ai poveri", rispetto ad un 7% che invece pensava che si stesse spendendo troppo. Pensiamoci un attimo. Cos'è l'assistenza ai poveri? Benessere! Quindi, se anche la domanda di fondo era la stessa, la definizione di benessere rispetto a quella di assistenza per i poveri fa tutta la differenza nella reazione delle persone.

In questo libro non voglio insegnarti a modellare codardamente le tue idee perché coincidano con l'opinione di chi ascolta, ma al contrario, voglio insegnarti a trovare il modo più attraente e persuasivo di presentare le tue proposte o idee in modo più preciso. Adesso ti chiedo di fare un esperimento e valutare i risultati che ottieni. Pensa a due gruppi di 10 persone. Possono essere parenti o amici, oppure puoi anche utilizzare i tuoi contatti Facebook. Poi fai una di queste due domande ad ogni gruppo.

- Non si deve dare assistenza medica ai clandestini?
- Si deve negare assistenza medica ai clandestini?

Ti raccomando di fare questa prova per sperimentare in prima persona l'effetto delle parole che scegli per definire un'idea. Questa domanda è stata posta in molte ricerche negli Stati Uniti, e statisticamente solo il 38% pensa che si debba "negare" l'assistenza medica, mentre il 55% pensa che "non si deve dare assistenza medica". La differenza nella risposta si può attribuire alla differenza nei presupposti. "Negare" implica che sono in gioco i diritti personali o sociali e che qualcuno o qualcosa sta per perdere quel diritto. Ci fa pensare ad una porta sbattuta in faccia a qualcuno. D'altra parte, se mi astengo dal "darti" qualcosa, non sto necessariamente pregiudicando i tuoi diritti. Di conseguenza, il contesto determina la reazione di chi ascolta.

Un altro fattore che produce errori nella comunicazione è il fatto di supporre che tutti abbiamo una stessa definizione per una stessa parola. Ad oggi, le persone tendono ad usare "credo" e "sento" in modo intercambiabile. Per alcuni si tratta solo una questione linguistica, ma che ne è della psicologia dietro tutto questo? C'è qualche differenza se quello che dici è messo in termini di "pensare" o "credere"?

Superficialmente, la differenza sembra molto lieve. Le frasi "Penso che la ripresa economica sia dietro l'angolo" e "Credo che la ripresa economica sia dietro l'angolo" inviano lo stesso messaggio. Tuttavia, un nuovo studio pubblicato sulla rivista "Personality and Social Psychology Bulletin" ha scoperto che questa piccola differenza può influenzare il potere di un messaggio persuasivo (Mayer e Tormala, 2010).

Nicole Mayer e Zakary Tormala hanno valutato per prima cosa le tendenze naturali di 65 partecipanti per quello che riguarda il pensiero, ovvero cognitivamente e affettivamente. Le persone tendono a descrivere il mondo facendo riferimento alle sensazioni (ad esempio, sgradevole o gradevole, spaventoso o confortante) o in termini di pensiero (ad esempio, inutile o utile, nocivo o benefico), quindi i partecipanti sono stati raggruppati in questo modo, per poi dar loro un messaggio persuasivo da leggere riguardo la donazione di sangue. Questo messaggio conteneva esattamente gli stessi argomenti, eccetto che per un gruppo è stata utilizzata la parola "pensare" e per l'altro "credere". Dopo, ad ogni persona, è stato chiesto che probabilità ci fossero che donasse il sangue in futuro.

Le persone che pensavano al mondo in termini cognitivi sono state più propense a donare sangue quando il messaggio era inquadrato in termini di "pensare". Al contrario, il gruppo che utilizzava parole emozionali è stato più propenso quando veniva utilizzato il termine "credere". Questo suggerisce che, se desideri persuadere qualcuno, allora è utile sapere se si tratta di una persona focalizzata sui pensieri o sulle sensazioni e dirigere il tuo messaggio di conseguenza. Se ancora non conosci la sua modalità, il modo più facile per scoprirlo è ascoltare come descrivono il mondo che li circonda, e determinare se lo fanno in modo cognitivo o affettivo. Puoi tornare a dare un'occhiata alla prima parte del libro riguardo ai concetti base della PNL per ricordare come farlo.

Quindi, non si tratta tanto del contenuto, quanto piuttosto dell'apparenza del messaggio. Se ti sembra di fare maggiore riferimento alle emozioni o ai pensieri, allora le persone che pensano in quei termini saranno più propense ad essere persuase.

Indipendentemente dai motivi d'origine, tendiamo a vedere le emozioni come il primo punto del pensiero, soprattutto in ambito di persuasione. Crediamo che utilizzare un argomento emozionale, o essere influenzati da uno di essi, in qualche modo denoti una minore intelligenza. Tuttavia, gli atteggiamenti verso un argomento emozionale stanno prendendo sempre più piede mano a mano che gli psicologi scoprono il ruolo vitale delle emozioni nei nostri pensieri. Di conseguenza, invece di vedere le emozioni come opposti della razionalità, andrebbero viste come componenti vitali della ragione e come una parte vitale del tuo arsenale di persuasione. Al contrario di quanto si è creduto in secoli di pregiudizi, un pensiero emozionale non è necessariamente irrazionale e, andando avanti con il libro, apprenderai tecniche specifiche per generare ed utilizzare le emozioni delle persone per influenzarle e persuaderle.

Vediamo adesso la seguente regola della comunicazione di successo: equilibrare gli argomenti.

Equilibrare gli argomenti e altri strani trucchi di persuasione

Ogni argomento ha almeno due lati, anche se a volte non siamo pronti ad ammetterlo. Nel fragore della battaglia, molte persone presentano il proprio punto di vista dell'argomento, come se non ci fosse altra alternativa, dato che, quasi come un istinto naturale, cerchiamo di evitare di attirare l'attenzione sulle debolezze della nostra argomentazione per paura di pregiudicare il nostro punto di vista.

Con il passare degli anni, gli psicologi hanno messo a confronto argomenti unilaterali e bilaterali per vedere quali sono quelli più persuasivi in contesti differenti. Daniel O'Keefe, dell'Università dell'Illinois, ha raccolto i risultati di diversi studi sulla parzialità e sulla persuasione realizzati in 50 anni e che, tra tutti, hanno coinvolto 20.111 partecipanti (O'Keefe, 1999, Communication Yearbook). Quello che ha scoperto, analizzando diverse tipologie di messaggi persuasivi su diversi ascoltatori, è stato che gli argomenti bilaterali sono più persuasivi rispetto al loro equivalente unilaterale.

Quando parlo di argomenti bilaterali, mi riferisco a quando formuli il tuo parere, ma allo stesso tempo hai il coraggio di riferire il parere opposto. Tuttavia, deve essere rispettata una condizione: quando presenti l'opinione contraria, è fondamentale formulare controargomenti. Gli argomenti bilaterali che non riescono a confutare il punto di vista opposto possono essere significativamente meno persuasivi di un argomento unilaterale.

È da qui che deriva la paura comune di formulare argomentazioni contrarie. Istintivamente crediamo che la cosa migliore sia presentare solo il nostro punto di vista della storia, per non correre il rischio di perdere presa sugli ascoltatori. Tuttavia, se presentiamo gli argomenti opposti e poi li demoliamo, non solo è probabile che il pubblico si lasci influenzare, ma la nostra credibilità aumenterà.

Nel suo articolo, O'Keefe analizza eventuali eccezioni alla regola generale di utilizzare un argomento bilaterale nella persuasione e considera i seguenti tre casi.

Pubblico con delle conoscenze: si credeva che gli argomenti unilaterali fossero più efficaci se il pubblico aveva una conoscenza precedente dell'argomento. O'Keefe non ha trovato prova di questo. Anche un pubblico ben disposto sarà più influenzabile da un argomento bilaterale.

Basso livello educativo: nuovamente, O'Keefe non ha trovato prove che le persone con un livello di educazione più basso siano più influenzabili da un messaggio unilaterale, di conseguenza, continua ad essere una scelta migliore utilizzare argomenti bilaterali.

Messaggi pubblicitari: questa è l'unica eccezione alla regola sul contestare gli argomenti opposti. O'Keefe ha scoperto che non c'è differenza se chi parla presenta argomenti contrari oppure no. Magari dipende dal fatto che sappiamo che si tratta di una pubblicità, e quindi ignoriamo le intenzioni di chi parla di presentare un argomento equilibrato.

Di conseguenza, un argomento equilibrato non solo è più attraente moralmente, ma è anche più persuasivo, e non importa se i controargomenti si introducono all'inizio, alla fine, o mescolati nel mezzo. Fintanto che vengono contestati, sarà più probabile che persuaderemo chi ascolta. Ricorda che le persone non sono stupide, e sanno che ci sono almeno due versioni di ogni storia, quindi ignoreranno il tuo messaggio, a meno che tu non li riconosca e li controbatta.

Tuttavia, se per qualche motivo non vuoi equilibrare le tue argomentazioni, esiste un piccolo trucco che puoi utilizzare per convincere la maggior parte delle persone. Ne avevamo già parlato in precedenza. Il trucco riguarda la ripetizione. Le ricerche hanno rivelato che, se un membro di un gruppo ripete la sua opinione, è probabile che gli altri lo considerino come rappresentante di tutto il gruppo. Uno studio pubblicato dal "Journal of Personality and Social Psychology" ha esaminato esattamente questa situazione per mettere alla prova il modo in cui le persone giudicano la distribuzione delle opinioni. Lo studio, realizzato da Kimberlee Weaver e dai suoi colleghi, ha scoperto che quando tre persone diverse esprimono la stessa opinione, il suo livello di influenza è solo leggermente superiore rispetto a quando è un'unica persona ad esprimere la stessa opinione tre volte (Weaver et al., 2007).

Nello specifico, lo studio ha determinato che, se una persona all'interno di un gruppo ripete la stessa opinione per tre volte, ha il 90% dell'effetto rispetto a tre persone diverse dello stesso gruppo che esprimono la stessa opinione. Se ci pensi, sembra abbastanza strano e, ad essere sincero, non sono sicuro che ci avrei creduto se non avessi letto molti altri studi di psicologia che spiegano il modo illogico e irrazionale in cui funziona la nostra mente. Quindi, da dove deriva questo effetto? Gli autori argomentano che tutto si riduce alla memoria. Dato che la ripetizione aumenta l'accesso ad una opinione, diamo per scontato che quell'opinione abbia una valenza alta. Nella vita quotidiana, è molto comune ascoltare la stessa opinione molte volte in posti differenti, dopodiché riuniamo tutto quello che abbiamo sentito per creare il nostro giudizio personale.

L'argomento di questa ricerca è un qualcosa che è stato conosciuto e utilizzato da pubblicitari e potenti per anni, e la conclusione è che la ripetizione non porta al disprezzo, ma al contrario genera attrazione. Far sentire la tua voce è l'unico modo in cui gli altri possono sapere quello che pensi, in caso contrario, crederanno che sei d'accordo con la persona più rumorosa.

E per continuare a parlare di strani trucchi di persuasione, parliamo di caffeina. Un esperimento ha dimostrato che chi beve caffè è più influenzabile. Tra tutti gli effetti che questa droga psicoattiva ha sulla nostra mente (maggiore attenzione, senso d'allerta e consapevolezza), probabilmente la meno nota è la sua tenenza a renderci più vulnerabili alla persuasione.

Questo fenomeno è stato dimostrato con uno studio realizzato da Pearl Martin e dai suoi colleghi dell'Università del Queensland, in Australia (Martin et al., 2005). Durante questo esperimento, hanno provato a convincere i partecipanti a cambiare opinione riguardo il controverso tema dell'eutanasia volontaria. Erano stati scelti partecipanti che avevano dimostrato di essere a favore del fatto che l'eutanasia avrebbe dovuto essere legale, e i ricercatori volevano vedere se sarebbero riusciti a convincerli del contrario.

Prima di provare a cambiare la loro opinione, alla metà dei partecipanti è stata data una dose moderata di caffeina, mentre l'altra metà ha ricevuto un placebo. Nessuno dei due gruppi né i ricercatori che erano stati in contatto con loro sapevano chi aveva preso cosa. A quel punto è stato chiesto loro di leggere sei storie contro l'eutanasia

In seguito, quando sono state fatte domande ai partecipanti sul loro atteggiamento verso l'eutanasia volontaria, quelli che avevano bevuto il caffè hanno dimostrato di essere stati maggiormente influenzati dal messaggio persuasivo rispetto a quelli che avevano ricevuto un placebo. Oltre a questo, è stata chiesta ai partecipanti la loro opinione sull'aborto, argomento che, secondo i ricercatori, ne sarebbe stato indirettamente influenzato, dato che chi disapprova l'eutanasia è probabile che disapprovi anche l'aborto. E questo è proprio quello che hanno riscontrato. Il messaggio persuasivo si era esteso da un'idea centrale ad una correlata, e l'effetto era stato più forte sui partecipanti che avevano ricevuto la caffeina.

Ma perché? Cos'ha la caffeina che ci rende più vulnerabili alla persuasione?

La ragione per cui non ci accorgiamo di molti messaggi persuasivi è perché spesso non gli prestiamo attenzione. La nostra mente tende a divagare facilmente, e preferiamo non pensare troppo, a meno che non sia inevitabile. Tuttavia, aumentando il nostro livello di attenzione, la caffeina ci fa processare i messaggi che arrivano alla nostra mente più a fondo, cosa che può portare ad una maggiore persuasione. Quindi fai attenzione, tutto quel caffè non ti rende solo più nervoso, ma anche più vulnerabile ad essere influenzato, anche solo aumentando la tua attenzione.

Ora, è probabile che tu non conoscessi gli effetti della caffeina ma, in generale, non sei qualcuno facile da persuadere, vero? Se sei come la maggior parte delle persone, sicuramente crederai di no. Quindi, cambierò la domanda: ti accorgi quando cambi opinione riguardo qualcosa?

Sicuramente no, anche se è una domanda abbastanza difficile a cui rispondere, perché come potresti sapere quante volte non sei consapevole dei tuoi cambiamenti?

Gli psicologi hanno argomentato che il funzionamento interno delle nostre menti è in gran parte nascosto alla nostra mente cosciente, e uno degli aspetti di questa caratteristica è la sorprendente scoperta del fatto che spesso le persone non sono consapevoli quando cambiano un'opinione. In certi casi, possiamo anche essere convinti che la nostra opinione non sia mai cambiata, e continuiamo ad essere convinti che questa nostra "nuova" opinione sia quella che abbiamo sempre avuto.

Anche se può sembrare un concetto esagerato, l'effetto è stato decisamente dimostrato da un esperimento condotto da Goethals e Reckman (1973). È stata chiesta un'opinione ad un gruppo di studenti del college riguardo diversi problemi sociali, compreso il trasporto scolastico. In realtà, non era importante l'argomento per lo scopo dei ricercatori, e in effetti quello che volevano ottenere era una scala delle opinioni dei partecipanti riguardo ad una questione specifica prima di sottoporli ad una manipolazione sperimentale.

Un paio di settimane dopo, gli stessi studenti sono stati invitati ad una nuova discussione riguardo agli autobus e al trasporto scolastico. Questa volta, tuttavia, i partecipanti sono stati divisi in tre gruppi: uno con gli studenti a favore degli scuolabus, uno con gli studenti contrari e un terzo gruppo di controllo.

I due gruppi con posizioni opposte sono stati presi separatamente per discutere il tema degli scuolabus, ma in ogni gruppo i ricercatori hanno inserito un infiltrato armato con una serie di argomenti molto persuasivi, concepiti apposta per far cambiare idea ai partecipanti. Gli investigatori volevano convincere il gruppo a favore per farlo diventare il gruppo contrario e viceversa. Gli infiltrati hanno dimostrato di essere estremamente persuasivi (o gli studenti si sono fatti convincere molto facilmente!) e i due gruppi sono stati portati con successo dalla propria opinione a quella contraria.

Questo risultato è abbastanza sorprendente. Rispetto al gruppo di controllo, che non ha partecipato alla discussione con un infiltrato, nessuno dei due gruppi manipolati durante l'esperimento riusciva a ricordare con precisione la propria opinione originaria, e quella che ricordavano come opinione "originale" sembrava essersi deformata significativamente in seguito alla manipolazione dell'esperimento.

Innanzitutto, quelli che all'inizio erano contro gli scuolabus ricordavano la loro precedente posizione come molto più a favore degli scuolabus rispetto a com'era davvero. Fattore ancora più impressionante, quelli che in origine erano favorevoli agli scuolabus, pensavano di essere stati davvero contrari ad essi prima dell'esperimento, ovvero, anche il ricordo della loro posizione precedente era cambiato completamente.

Curiosamente, quando è stato chiesto ai partecipanti che effetto aveva avuto la discussione sul loro punto di vista, tutti pensavano di non aver cambiato significativamente il proprio punto di vista, e che semplicemente la discussione aveva confermato quello che pensavano.

Questa è una cosa assolutamente affascinante, ma perché accade?

Probabilmente una delle ragioni principali per cui i risultati di questo esperimento sono stati così netti è perché i partecipanti non si aspettavano che lo studio fosse progettato per cambiare il loro atteggiamento, dato che lo scopo dell'esperimento stesso era stato tenuto assolutamente nascosto e, come risultato, quando è stato loro chiesto di ricordare il loro atteggiamento precedente alla discussione, sono andati a prendere la propria opinione attuale e hanno presupposto che fosse sempre stata la stessa.

Ovviamente, ci sono situazioni in cui per le persone è molto più facile ricordare la propria opinione precedente, e probabilmente sono molto più difficili da influenzare. Ad esempio, in situazioni i cui gli atteggiamenti sono di lunga data e altamente emotivi, come potrebbe essere un'opinione sull'aborto. Tuttavia, la maggiore parte dei nostri atteggiamenti sono molto più banali, e questo esperimento dimostra quanto sia facile cambiarli senza neanche farci caso.

Ora vediamo una tecnica di persuasione molto interessante che, sebbene non sia uno schema di linguaggio, è molto potente, e vale la pena averla nel proprio repertorio.

L'effetto Benjamin Franklin

L'effetto Benjamin Franklin approfitta di un fenomeno abbastanza contrario all'intuizione. Con le sue stesse parole, si definisce così: "Colui che una volta ti ha fatto un favore, sarà più disposto a fare qualcos'altro per te, rispetto a colui che tu stesso hai aiutato."

Questo fenomeno è dovuto alla "dissonanza cognitiva", ovvero alla difficoltà della nostra mente di avere due idee contraddittorie nello stesso momento. Per quello che riguarda l'effetto Benjamin Franklin, quelle due idee contraddittorie sono "Non mi piace questa persona" e "Ho fatto un favore a questa persona", quindi la mente, che lotta con queste due idee contraddittorie, ragiona sul fatto che aiutiamo le persone che ci piacciono e non facciamo favori a quelle che non ci piacciono, giusto?

Nella sua autobiografia, Franklin parla della sua applicazione di questo metodo per affrontare l'ostilità di un legislatore rivale:

"Avendo saputo che nella sua biblioteca aveva un certo libro molto raro e curioso, gli ho scritto una nota, esprimendogli il mio desiderio di leggere quel libro e chiedendogli che mi facesse il favore di prestarmelo per qualche giorno. Me lo ha inviato immediatamente e io gliel'ho restituito una settimana dopo con un'altra nota, esprimendogli la mia estrema gratitudine. Quando ci siamo incontrati alla Camera, mi ha parlato (cosa che non aveva mai fatto prima) con gran cortesia, e ha manifestato la sua disponibilità a servirmi in qualunque occasione, così che siamo diventati grandi amici, e la nostra amicizia è continuata fino alla sua morte."

Quindi, la lezione è la seguente: se vuoi guadagnarti il favore di qualcuno, la cosa migliore è chiedergli che faccia qualcosa per te (anche qualcosa di piccolo), piuttosto che fare tu qualcosa per lui. Molte persone commettono l'errore di presumere che, per piacere agli altri, devono fare qualcosa per loro, ma come hai visto in questo capitolo, gli altri non ti vedranno necessariamente in modo più favorevole se investi tempo e fatica su di loro. Non fare l'errore di pensare che il tempo che tu hai investito su un'altra persona sia importante, perché quello che importa davvero è il tempo che gli altri hanno investito su di te. Più hanno investito su di te, più saranno disposti a farti un favore.

Quello seguente sarà l'ultimo capitolo di questa seconda parte del libro, quindi voglio concludere mostrandoti un'analisi dei principi di persuasione e tecniche psicologiche in azione. Analizzeremo le tecniche di persuasione utilizzate nel famoso film-documentario Fahrenheit 9/11. Ti ricordo che questa seconda parte del libro ha lo scopo di preparare la tua mente a costruire un'infrastruttura su cui inserire gli schemi di linguaggio che apprenderai nella terza parte.

Sei pronto? Allora continuiamo.

6 Tecniche psicologiche di persuasione utilizzate in Fahrenheit 9/11 di Michael Moore

Nell'estate del 2004, è uscito "Fahrenheit 9/11", del regista Michael Moore, la sua visione personale di come George Bush abbia utilizzato gli attacchi terroristici negli Stati Uniti per dichiarare guerra illegalmente a Iraq e Afghanistan. La risposta al documentario è stata enorme e polarizzata: il pubblico o lo ha amato o lo ha odiato.

Alcuni l'hanno visto come una brillante accusa della preparazione ad una guerra ingiusta, mentre altri l'hanno considerato come una propaganda della politica di sinistra, senza fondamento e progettata per ottenere una spinta nel periodo precedente alle elezioni presidenziali del 2004 negli Stati Uniti.

A quell'epoca, il Dr. Kelton Rhoads, un esperto di psicologia della persuasione, ha scritto un articolo che descrive nel dettaglio le tecniche psicologiche di persuasione utilizzate da Moore in Fahrenheit 9/11, e fornisce una buona introduzione alle tecniche di propaganda. Anche se queste tecniche non sono direttamente collegate agli schemi di linguaggio, sono abbastanza interessanti da conoscere, e sono sicuro che vedrai il potenziale di utilizzarle nei tuoi messaggi di persuasione.

Questo è un buon momento per uno scarico di responsabilità riguardo questo capitolo: personalmente non do nessun giudizio politico sul film di Moore, che qui viene analizzato semplicemente come un interessante studio delle tecniche di persuasione, che potrebbero essere utilizzate facilmente per supportare anche il caso opposto.

Tecnica 1: Omissioni

Ricordi i filtri di linguaggio che abbiamo visto nel metamodello, nella prima parte del libro? Molto bene, quindi già sai come contrastare gli effetti di questa tecnica utilizzando delle domande.

Questa è una delle tecniche più ovvie di qualunque tipo di propaganda: non presentare tutta la verità. Come segnala il Dr. Rhoads: "Quello che conferisce alle omissioni il loro potere è che spesso gli ascoltatori non le riconoscono come assenti". Omettendo informazioni importanti, le persone possono trarre conclusioni affrettate sulle prove che gli vengono presentate. Il propagandista non ha mai mentito, in nessun momento, semplicemente non ha detto "tutta" la verità.

Esempio: una delle omissioni più grandi del documentario è la mancanza delle immagini degli aerei sequestrati dai terroristi che colpiscono le Torri Gemelle.

Mostrarle avrebbe provocato l'ira dello spettatore. Invece, Moore mostra le conseguenze, provocando l'emozione del dolore.

Tecnica 2: Contestualizzazione

Moore è interessato alla giustapposizione e utilizza un effetto che gli psicologi chiamano "attivazione strutturale". In poche parole, se in un determinato momento ti senti triste, questa sensazione tenderà ad influenzare il modo in cui interpreti quello che accade successivamente. Nella propaganda, l'emozione provocata da una scena si utilizza per influenzare il modo in cui viene interpretato il contenuto della scena seguente. In seguito vedremo degli schemi di linguaggio che causano questo stesso effetto

Esempio: la contestualizzazione spesso fa sì che Bush sembri sciocco. In una delle prime scene, vediamo l'enorme tristezza e la sofferenza dei testimoni dell'attentato dell'11 settembre. Nella scena successiva. vediamo Bush "felice, sorridente e fiducioso". Come può sorridere in un momento del genere? La risposta è, ovviamente, che il film è stato montato in questo modo per farlo sembrare sciocco.

Tecnica 3: Manipolazione di gruppo

Sostanzialmente si tratta di preferire "persone come noi" piuttosto che "persone che non sono come noi".

Esempio: nel film gli Arabi sono rappresentati come parte del "gruppo" che sta con Bush. Moore mostra ripetutamente che Bush è vicino alla famiglia di Bin Laden, per associazione. Poi mostra la famiglia Bin Laden vicino a Osama Bin Laden, ancora per associazione. Se queste associazioni siano vere oppure no, potrebbe essere un argomento di discussione, ma quello che si deve notare è che l'unica connessione che mostra il documentario è l'associazione. Pensa a questo: dato che un poliziotto deve avere a che fare con i criminali, diventa lui stesso un criminale? Questa è l'associazione.

Tecnica 4: Cinismo

Gli esseri umani tendono ad attribuire motivazioni egoistiche ad altre persone e motivazioni altruistiche al proprio comportamento. In generale, tendiamo ad essere cinici sulle ragioni per cui gli altri fanno quello che fanno, ed è facile far diventare sospettosa la gente riguardo alle motivazioni di qualcuno semplicemente ponendo una domanda.

Esempio: Bush agisce per il suo interesse e non per quello degli Stati Uniti. Viene mostrato Bush seduto che legge "My Pet Goat" ai bambini di una scuola per sette minuti dopo che un agente dei servizi segreti gli ha sussurrato in un orecchio la notizia dell'attacco terroristico. La supposizione cinica è che Bush probabilmente era confuso, o magari che non gli importava, o non sapeva cosa fare, ecc. Tuttavia, si sa che qualunque movimento del presidente è assolutamente controllato dai servizi segreti per ragioni di sicurezza, quindi c'è anche la possibilità che l'agente gli abbia detto di rimanere tranquillo mentre venivano raccolte altre informazioni sul luogo migliore dove spostarsi.

Tecnica 5: Modellamento

Le persone si copiano tutto il tempo, è la natura umana. È la nostra necessità di affiliazione in azione. Se ti fermi in mezzo alla strada e guardi fisso nel nulla, in breve tempo avrai riunito una moltitudine di gente che cerca di vedere cosa stai guardando. Se immagini questa situazione in termini politici, allora potrai vedere un effetto simile. Se la gente vede qualcuno cambiare la sua opinione su qualcosa, verrà influenzata allo stesso modo.

Esempio: nel documentario si vede una madre che piange per la perdita di suo figlio in Iraq e sembra compiere un giro di 180° durante il corso del film per quello che riguarda la sua posizione politica, dall'appoggiare Bush fino ad opporsi a lui. Dall'appoggiare la guerra in Iraq fino ad opporsi ad essa. Il Dr. Rhoads ha scoperto le prove che non ci sono stati cambiamenti nella posizione di quella madre, ed è stato tutto fabbricato per rendere più persuasivo il messaggio che il regista voleva trasmettere. In effetti, lei era sempre stata contro Bush.

Tecnica 6: Inganni numerici

Alle persone piacciono le statistiche, sembrano giuste. Gli psicologi hanno scoperto che le persone sono contente di credere nei numeri e non si preoccupano di controllarli. Questo sembra perfetto per il propagandista, vero?

Esempio: Bush è stato in ferie per il 42% del tempo durante i suoi primi 229 giorni di incarico. Queste statistiche si riferiscono al tempo che Bush non ha trascorso a Washington e le implicazioni dicono che, se non era a Washington, allora non stava lavorando e, di conseguenza, era in vacanza. Ovviamente, questo ragionamento è sbagliato. Sono seduto a casa mia mentre scrivo questo libro, quindi come posso star lavorando? Questa discussione è facile, ma vari argomenti di Moore girano intorno a questo concetto fondamentale.

Il Dr. Rhoads termina il suo articolo dicendo:

"...Fahrenheit 9/11 è un documentario o è una propaganda? Chiamatelo come volete. Personalmente, vedo un utilizzo consistente, efficace ed intelligente di una varietà di determinate tattiche di propaganda. Se fossero state utilizzate solo alcune di queste tecniche, o se l'intento di ingannare non fosse stato così evidente, avrei potuto sbagliarmi... ma sono sicuro dell'applicazione della regola: se vola, cammina, nuota e starnazza come un'anatra, allora è un'anatra."

Per vedere il lavoro completo di Kelton Rhoads (in inglese) puoi scaricarlo dal suo sito web a questo link: http://www.workingpsychology.com/download_folder/Propaganda_And_Fahrenheit.pdf

Molto bene, spero che ora la tua mente sia pronta per ricevere quelli che, a mio giudizio, sono i componenti delle informazioni che produrranno il maggior impatto sulla tua capacità di persuasione: gli schemi di linguaggio. Questo è esattamente ciò che vedremo nel prossimo capitolo. Ti ricordo ancora che, se lo desideri, puoi andare direttamente allo schema che ti interessa, ma ti raccomando di leggerli nell'ordine in cui sono presentati per trarne il massimo profitto.

Parte 3 – Schemi di linguaggio

"Sappiamo che le parole non possono muovere le montagne, ma possono muovere le folle. Le parole danno forma al pensiero, stimolano i sentimenti e generano azione. Le parole uccidono e fanno rivivere, corrompono e curano. Gli 'uomini di parola' hanno giocato un ruolo più decisivo di capi militari, statisti e uomini d'affari, nella storia". - Eric Hoffer, The Ordeal of Change, 1976

Le regole governano le nostre vite. Alcune di queste regole sono esplicite, imposte dal governo: "Rispetta i limiti di velocità", "Non sostare", "Paga le tasse", ma per la maggior parte si tratta di norme culturali informali non scritte, come le regole della cortesia, di comportamento nel mondo degli affari o di interazione tra le persone. La maggior parte di queste norme sono tradizioni comunemente accettate che si sono accumulate nel corso del tempo e hanno creato abitudini talmente comuni che non siamo neanche consapevoli di esse.

Sfortunatamente, non tutte queste convenzioni inconsce e abitudini involontarie sono positive o produttive. La comunicazione è disseminata di cattive abitudini e tendenze inutili che potrebbero causare gravi danni alle idee che cerchiamo di promuovere. Allo stesso modo che in altri ambiti, esistono regole per una comunicazione positiva ed efficace. Potrebbero non essere così rigide e assolute come le norme contro l'eccesso di velocità, ma sono altrettanto importanti, se vuoi trasmettere un modo efficace il tuo messaggio.

Secondo il brillante scrittore Aaron Sorkin, "Le parole adeguate hanno esattamente le stesse proprietà della buona musica. Hanno ritmo, toni e accenti" e, in questo senso, gli schemi di linguaggio che ora imparerai daranno al tuo linguaggio le proprietà della buona musica. Quando comincerai ad utilizzarli, ti abituerai a vedere la testa della gente fare cenni affermativi quando pronunci parole o frasi che gli bruceranno la mente e li porteranno ad agire.

Prima di continuare, permettimi di darti alcuni avvertimenti. Qui non troverai parole belle, intramontabili o profonde in qualche senso astratto e filosofico, ma vedrai le stesse parole che utilizziamo nella nostra vita quotidiana, solo disposte in modo tale da produrre risultati pratici. Il nostro obiettivo sarà utilizzare un linguaggio semplice e senza fronzoli.

Senza dubbio, ci sono un tempo e un luogo adatti per il linguaggio letterario di alto livello, ma per catturare l'attenzione di un ascoltatore, il linguaggio non ha bisogno di essere quello di un erudito. Non serve neanche avere un tono che ispira e nobilita, come quello dei discorsi di John F. Kennedy. La maggior parte di noi non è un grande oratore che cerca di parlare alle grandi masse, siamo semplicemente dipendenti che parlano con il proprio capo, impresari che parlano ai propri dipendenti o genitori che parlano con i propri figli.

Prima di immergerci in pieno negli schemi di linguaggio, parliamo di un mito abbastanza diffuso che ha portato solo confusione nell'ambito della persuasione, e non voglio che tu commetta questo errore. Pensaci: quando cerchiamo di persuadere qualcuno, dobbiamo parlare lentamente o velocemente?

Parlando rapidamente mostriamo confidenza e comprensione dell'argomento, e quindi siamo più persuasivi? O parlando rapidamente siamo meno persuasivi perché tutte le informazioni arrivano troppo in fretta senza essere processate?

Quando gli psicologi hanno iniziato ad esaminare per la prima volta l'effetto della velocità del parlare nella persuasione, hanno pensato che la risposta fosse molto chiara. Nel 1976, Norman Miller e i suoi colleghi hanno provato a convincere i partecipanti di uno studio che la caffeina era nociva per loro (Miller et al., 1976). I risultati dello studio suggerivano che la gente era più persuasa quando il messaggio veniva esposto a 195 parole al minuto invece di 102 parole al minuto.

Con 195 parole al minuto, un po' più veloce di quanto parlano le persone durante una normale conversazione, il messaggio è diventato più credibile per coloro che ascoltavano e, di conseguenza, più persuasivo. Parlare rapidamente sembra indicare fiducia, intelligenza, oggettività e una conoscenza superiore. Al contrario, il limite inferiore abituale di una conversazione normale, con circa 100 parole al minuto, veniva associato a tutte le caratteristiche opposte.

Questi risultati, insieme a quelli di un altro paio di studi, hanno portato alcuni ricercatori a pensare che parlare rapidamente fosse la cosiddetta "bacchetta magica" della persuasione. Tuttavia, negli anni Ottanta, altri ricercatori hanno iniziato a chiedersi se quei risultati fossero davvero corretti. Sono stati realizzati vari studi che suggerivano che parlare rapidamente sembrava aumentare la credibilità, anche se non sempre aumentava la persuasione. Negli anni Novanta è stata scoperta una leggera relazione tra la velocità del parlare e la persuasione. Stephen Smith e David Shaffer hanno cercato di convincere un gruppo di studenti universitari che l'età legale per bere doveva restare 21 anni (Smith e Shaffer, 1991) e ad un altro gruppo che l'età doveva essere minore di 21 anni. Per lo studio sono state utilizzate frequenze di voci rapide, lente e intermedie, e questa volta è venuto fuori qualcosa di rivelatore.

Quando il messaggio era contrario al comportamento (alla maggior parte degli studenti non piace l'idea di non poter bere legalmente nei bar), la parlata rapida è stata più persuasiva e quella lenta meno persuasiva. Al contrario, quando il messaggio coincideva con l'idea che gli studenti già avevano, la parlata lenta è stata la più persuasiva.

La domanda seguente è stata: perché l'effetto si inverte quando il pubblico è contrario al messaggio?

Questo è ciò che sembra accadere: quando un pubblico comincia ad ascoltare un messaggio che non gli piace, e quel messaggio è trasmesso lentamente, ha tempo per pensare e proporre controargomenti, fattore che porta ad una persuasione minore. Tuttavia, se il discorso è più rapido, c'è meno tempo per proporre quegli stessi controargomenti, quindi la persuasione sarà maggiore.

Funziona al contrario quando al pubblico piace il messaggio. Se questo arriva troppo velocemente, non c'è tempo per valutarlo ed essere d'accordo. Ma quando il messaggio viene trasmesso lentamente, c'è tempo a sufficienza per valutare gli argomenti ed essere d'accordo.

Di conseguenza, sembra che dobbiamo temere chi parla rapidamente se ci sta dando un messaggio con cui non siamo d'accordo. In questo caso, il ritmo rapido è una distrazione e può risultarci difficile distinguere i difetti del concetto. Allo stesso modo, quando sei di fronte ad un pubblico ansioso di arrivare ad un accordo, faresti bene a ridurre la velocità e dargli il tempo di accettare quello che stai dicendo.

Con questo in mente, cominciamo.

Ragioni e suggerimenti

Quella che ti racconterò di seguito è la particolare scoperta fatta da una psicologa dell'Università di Harvard, Ellen Langer. Il famoso studio di Langer è iniziato con una serie di persone in fila che aspettavano di poter utilizzare la fotocopiatrice. A quel punto, lei ha provato a saltare la fila e ha detto gentilmente "Chiedo scusa, ho solo cinque pagine. Posso usare la fotocopiatrice?" Ha provato a farlo una volta dopo l'altra, e ha scoperto che il 60% delle persone le permetteva di passare avanti.

Quindi Langer è diventata più specifica. "Chiedo scusa, ho cinque pagine, posso usare la fotocopiatrice dato che ho fretta?" Quando ha fornito la ragione "dato che ho fretta", il tasso di accettazione è schizzato al 94%. Tuttavia, le cose sorprendenti non finiscono qui. La sorpresa arriva con la terza domanda: "Chiedo scusa, ho cinque pagine, posso usare la fotocopiatrice dato che devo fare alcune copie?" Il tasso si accettazione è rimasto quasi uguale, al 93%, anche se aveva eliminato la ragione. In questo modo, Langer ha potuto saltare la fila utilizzando semplicemente le parole "dato che.

Perché?

Quando siamo bambini, facciamo impazzire gli adulti con il gioco del "Perché?". Non importa l'argomento, volevamo sempre sapere perché. Tutti i bambini passano per questa fase naturale dello sviluppo del cervello. È il momento in cui l'emisfero sinistro inizia a connettersi e il concetto di causa ed effetto comincia a formarsi. A partire da questo momento, il nostro cervello vuole sapere di conoscere la causa di ogni effetto che osserva. Tuttavia, qui c'è un dato importante: il cervello vuole sentire di conoscere la causa, anche se in realtà non la comprende.

Ad esempio, se si chiede a dieci persone perché non possono volare, probabilmente risponderanno "perché esiste la gravità", e saranno soddisfatti di questa risposta. È probabile che non comprendano i fenomeni fisici dietro la forza di gravità, ma utilizzare le parole "perché" e "gravità" soddisfa la necessità di causalità del nostro cervello.

Ad ogni modo, sebbene "perché" sia una parola poderosa, non elimina del tutto la necessità di una ragione logica reale. Dopotutto, la ricerca di Langer ha mostrato una piccola diminuzione quando è stato eliminato il motivo, perché il trucco sta nel riconoscere quanto segue: a mano a mano che l'obiettivo aumenta per complessità o sforzo, la ragione per farlo (il "perché") deve aumentare in maniera analoga. Questa è la ragione per cui "perché" ha un effetto quasi magico nelle decisioni rapide e di poca importanza. Se vuoi che qualcuno butti la spazzatura, doni un dollaro alle opere di carità, o ti permetta di usare per primo la fotocopiatrice, allora la parola "perché" sarà abbastanza efficace. Tuttavia, per avere influenza su qualcosa di più significativo, come il livello di motivazione di un dipendente, deve esserci una vera ragione che soddisfi l'ansia di una buona risposta all'incessante "Perché?".

Secondo la famosa gerarchia delle necessità di Abraham Maslow, ci sono cinque tipi di necessità che tutti gli esseri umani si sforzano di soddisfare. Queste cinque necessità sono la causa di ogni azione che compiamo. Se vuoi motivare qualcuno per fargli compiere qualunque tipo di azione significativa, allora dargli un "perché" seguito da una delle cinque necessità di Maslow creerà una voragine motivazionale che sarà difficile per loro ignorare.

I modelli moderni hanno tentato di attualizzare la lista originale di Maslow, e alcuni hanno fino a dieci livelli con titoli e spiegazioni confuse ma, se anche sono d'accordo che la piramide di Maslow non sia perfetta, la sua forza e la sua utilità stanno nella sua semplicità. I cinque livelli di necessità che ogni essere umano desidera soddisfare sono i seguenti (in quest'ordine): necessità fisiologiche, sicurezza, appartenenza, riconoscimento e autorealizzazione. Di seguito, faremo un piccolo cambiamento alle necessità della scala di Maslow, e le tradurremo per ottenere i sei fattori motivanti di base degli esseri umani: "ne ho bisogno", "devo", "voglio", "scelgo", "mi piace" e "è una missione".

Per comprendere questi sei fattori motivazionali, immagina che un giorno, molto presto la mattina, ti trovi per strada e cominci a chiedere alle persone che ti circondano la ragione per cui vanno al lavoro. È presto, fa freddo, e tutta la gente va di fretta, con le borse in una mano e i cappotti nell'altra. Ti avvicini ad un uomo, fai la tua domanda e ecco quello che ti risponde:

"Beh, perché ho dei conti da pagare! Ho bisogno di mangiare, come tutti gli altri. Credimi, se potessi, in questo momento preferirei essere altrove."

Ti sembra motivato? Per quest'uomo, lavorare è una "necessità". In realtà, ha bisogno di mostrarsi motivato. Sfortunatamente, una volta arrivato al lavoro, questo è tutto quello che otterrà. Hai notato qualche "necessità" nel posto di lavoro? Le persone arrivano, guardano l'orologio, fanno qualcosa, cercano di essere più invisibili che possono mentre sono lì, fanno qualche pausa per prendere un caffè o fumare una sigaretta e poi se ne vanno il prima possibile. In generale, sono persone negative che hanno un disperato bisogno di caffè per "sopravvivere" alla settimana lavorativa. Quindi, questa ti sembra una persona davvero motivata? Proprio per niente.

Chiediamo a qualcun altro. Ti avvicini ad un altro uomo e questo è ciò che risponde:

"Non ho altra scelta. Ho una famiglia. Devo mantenere un tetto sulla nostra testa. Devo pagare l'assicurazione sanitaria. Devo assicurarmi che abbiano tutto quello di cui hanno bisogno. Mi scusi, ma devo andare. Rischio di fare tardi."

Quest'uomo funziona secondo il principio "devo farlo". Di sicuro è un po' più motivato de precedente. Dopotutto, quest'uomo si occupa di altri. Ha altre persone di cui prendersi cura, ma una volta finite le sue quaranta ore di lavoro settimanali, la sua motivazione finisce. Non c'è necessità di andare oltre per rispettare l'obbligo.

Sicuramente deve esserci un livello di motivazione più profondo che il semplice denaro. Chiedi ad un'altra persona, e questa è la sua risposta:

"Oh, tesoro, la maggior parte delle persone può odiare il proprio lavoro, ma a me piace. Voglio davvero andare al lavoro. Mi piacciono le persone con cui lavoro ed è decisamente meglio che stare tutto il giorno da sola in casa sul divano."

Che ne pensi di questa risposta? Chiaramente questa donna va a lavorare perché "vuole". Questo significa che è motivata? Sì, un po' più degli ultimi due, questo è certo. Lei non vede il lavoro come un "male necessario", e probabilmente è la persona più positiva e allegra dell'ufficio. Tuttavia, se hai mai conosciuto qualcuno che "vuole" andare al lavoro, allora saprai che ci sono anche alcuni svantaggi. Dato che queste persone sono motivate dall'aspetto sociale, è possibile che passino troppo tempo socializzando. Sono i primi ad accorgersi di tutti i pettegolezzi in ufficio, ed è probabile che passino le ore di lavoro occupandosi di faccende personali.

Bene, chiediamo a qualcun altro. Ecco la sua risposta:

"Mi hanno appena chiamato; in teoria oggi era il mio giorno libero, ma in questo periodo c'è molto lavoro. Sono sempre il primo che chiamano, perché sanno che dico di sì, anche se non mi dà fastidio, perché questo genere di cose sarà molto utili quando il mio capo dovrà fare la mia valutazione annuale del rendimento."

Diremo che questa persona "sceglie" di lavorare ed è più motivata di qualunque altra con cui abbiamo parlato finora. In effetti, ha oltrepassato la linea del "fare il minimo indispensabile" per "andare oltre il proprio dovere". Questa è una persona che vuole fare carriera e raggiungere il successo nel suo ambiente. Tuttavia, la sua motivazione è spesso egocentrica. È difficile per questa persona essere parte della squadra, e potrebbe anche sabotare altri colleghi per il suo tornaconto personale.

Queste sono le risposte più comuni che otterrai quando chiedi a qualcuno: "Perché vai a lavorare?". La triste verità è che la maggior parte della gente detesta il proprio lavoro. I restanti livelli di motivazione sono denominati "mi piace" e "è una missione". Ad una persona "mi piace" costa molto fare una differenza tra lavoro e piacere. Una persona che si sente "chiamata" al suo lavoro ha una motivazione ancora più profonda. Questa persona dice: "Faccio quello che faccio perché c'è un cliente a cui servo, o c'è uno scopo più grande di me". Questa persona sarà incredibilmente motivata e completamente soddisfatta del suo lavoro.

Le persone "mi piace" ed "è una missione" non sono solo motivate dalla sopravvivenza, come le persone "ne ho bisogno" e "devo". Non sono neanche motivati da punizioni o ricompense, come le persone "voglio" e "scelgo". La loro motivazione è intrinseca. Viene dall'interno.

Quindi, se la tua intenzione è quella di motivare o ispirare qualcuno, la prima cosa che devi fare è individuare "perché" la loro mente viene soddisfatta. Tuttavia, non scomodarti a chiedergli direttamente "Cosa ti motiva?", dato che probabilmente ti risponderanno "Avere più soldi!". Una domanda più efficace potrebbe essere "Perché hai scelto questo lavoro?" oppure "Perché hai scelto questa azienda?". Nelle risposte a queste domande troverai quello che li spinge davvero, e una volta ottenuta questa informazione, tutto quello che dovrai fare sarà premere i suoi pulsanti emozionali per suggerirgli ciò che vuoi che pensino.

Rileggiamo le ultime parole del paragrafo precedente: "suggerirgli ciò che vuoi che pensino". La chiave è suggerire. Seth Godin ha detto: "La gente non crede a quello che gli viene detto, raramente crede a ciò che gli viene mostrato, solo a volte crede a ciò che dicono gli amici, ma crede sempre a ciò che dice a se stessa."

Lascia che ti mostri un trucco semplice che puoi fare con le parole e vedrai il potere dei "suggerimenti". Questo è ciò che si conosce come suggerimento avanzato. Leggi e segui queste istruzioni:

"In questo momento voglio che pensi ad una forma geometrica semplice, come un quadrato o una cosa del genere. L'hai fatto? Perfetto. Adesso pensa ad un'altra figura. Ora dovresti aver pensato a due forme geometriche semplici."

Se sei come la maggior parte delle persone, hai pensato ad un cerchio e ad un triangolo. Sono un indovino? Certo che no, ma il segreto dietro questa piccola illusione è abbastanza rivelatore. La prima parte del segreto punta alla tendenza della mente di prendere delle scorciatoie. La mente non vuole lavorare più del necessario. Il cerchio e il triangolo sono le prime forme che vengono in mente perché sono le risposte più semplici. Poi, utilizzando le parole "in questo momento", creiamo una situazione di urgenza, quasi mettendo fretta a chi sceglie. Questo dà una sensazione di tempo limitato, e fa in modo che la tua mente faccia ancora più affidamento sulle scorciatoie.

La parola "semplice" è un termine relativo che elimina una gran quantità di opzioni possibili. Ad esempio, opzioni come "ennagono", "dodecagono". Ma anche altre opzioni relativamente comuni, come "rombo", "pentagono" e "ottagono" sono scelte raramente, dato che ci sono figure più semplici.

Una parte molto importante di questo esempio è la definizione "come un quadrato". Suggerendo "quadrato", praticamente hai eliminato la possibilità che venga scelto il quadrato. Le persone non vogliono essere prevedibili, e questa piccola illusione approfitta al massimo di questa caratteristica. Il "quadrato" è stato una mia idea, non tua, quindi la scarti e pensi alla "tua" idea che, ovviamente, è ciò che avevo sempre voluto che pensassi.

Ecco il punto principale: per influenzare qualcuno, prima di tutto devi fargli credere che sta utilizzando il suo modo di pensare. La vera persuasione non è forzare o ingannare le persone. Più che altro, si tratta di indirizzarli dove vuoi tu.

Come ti senti quando qualcuno ti mette pressione per fare qualcosa?

Quando vengono messi sotto pressione, gli esseri umani tendono a sollevare le proprie difese e ad opporsi. E quando è presente questa opposizione, il "perché" perde parte del suo potere. Anche se aggiungessimo una ragione molto convincente, arriva un punto in cui l'altra persona la rifiuterà, non importa quello che diciamo.

L'idea dietro il suggerimento avanzato è fare in modo che la persona stessa trovi un suo "perché". Invece di dare a qualcuno mille ragioni per fare qualcosa, prova a chiedergli: "Perché?" In questo modo, troveranno il loro personale "perché", e da quel momento saranno diventate le loro ragioni, e non più le tue; di conseguenza, quelle ragioni avranno un peso maggiore sulle loro decisioni e comportamenti futuri.

Ad esempio, immagina quello che accadrebbe nei casi seguenti:

I genitori chiedono ai loro figli: "Perché è importante trattare le altre persone con rispetto?"

Il presidente di un club chiede ai propri membri: "Perché in questa associazione abbiamo un obbligo di presenza?"

Un veditore di auto chiede ad un cliente: "Perché sta guardando questa Porche, oggi?"

Utilizzare il "Perché?" in questo modo obbliga chi ascolta a partecipare attivamente alle ragioni che vengono fornite in seguito. Le persone hanno sempre maggiori probabilità di compiere un'azione se credono che sia stata una loro idea. Tendiamo a sminuire le idee degli altri e gonfiare le nostre.

Quindi, per ricapitolare, la parola "perché" è potente perché soddisfa la necessità della mente di trovare un vincolo tra causa ed effetto. Un "perché" non ha sempre bisogno di un motivo logico o convincente per essere efficace, a meno che non si voglia motivare qualcuno a svolgere compiti importanti o complessi. I sei fattori motivazionali di base sono "ne ho bisogno", "devo", "voglio", "scelgo", "mi piace" e "è una missione". E per finire, le ragioni più convincenti sono quelle in cui credi tu stesso.

Ora seguirò il mio stesso consiglio. Perché a volte è meglio chiedere "perché?" invece di spiegare "perché"?

Superare la resistenza psicologica delle persone

Vorresti persuadere il tuo partner, i tuoi figli, il tuo capo, i tuoi dipendenti, i tuoi clienti, ecc., ma c'è un unico problema: nessuno vuole essere influenzato o persuaso. Tutti sentiamo un impulso irrefrenabile di esercitare il libero arbitrio nelle nostre scelte e nelle nostre azioni, quindi utilizziamo una serie di tecniche di resistenza psicologica per difenderci dai poteri della persuasione. E siamo ben allenati. Resistiamo a migliaia di messaggi pubblicitari tutti i giorni e, se non sapessi dire di no, rimarresti sul lastrico in pochi giorni.

In un interessante studio realizzato da Matthew T. Crawford, Allen R. McConnell, AR Lewis e Steven J. Sherman, ai partecipanti sono state presentate due squadre di football simili, e dovevano scommettere su una delle due. Quando un altro partecipante (che in realtà era uno dei ricercatori) ha detto: "Bisogna decisamente scegliere la squadra X", i partecipanti hanno scelto la squadra opposta nel 76,5% dei casi. Questo è il potere della psicologia inversa in azione.

Nel loro libro "Resistance and Persuasion", Eric Knowles e Jay Linn identificano quattro barriere psicologiche che si oppongono alla persuasione e, come risultato, la parola "se" può aiutare a rompere magicamente ognuna di esse. Per spiegare le quattro barriere di resistenza, vediamole con un esempio.

Diciamo che qualcuno sta cercando di venderti un'assicurazione sulla vita. Tecnicamente, questa polizza di assicurazione è la cosa migliore per te, ma le quattro barriere della resistenza minacciano di impedirti di prendere una buona decisione.

In questo esempio, il venditore sa che quest'assicurazione sulla vita è perfetta per te, tuttavia, non sa che sei un cliente difficile. Il venditore dice: "Ha mai considerato di stipulare una polizza sulla vita? Credo che la polizza X sia perfetta per lei."

Bene, in questo caso il venditore ha utilizzato quella che si conosce come "vendita diretta", e quando questo accade, dentro di te compare la prima resistenza e quindi rispondi: "Non cerchi di vendermi un'assicurazione sulla vita di cui non ho bisogno!"

Ti senti sotto pressione. Hai capito che ti vogliono vendere qualcosa e sollevi le tue difese per sfuggire alla situazione. Questa si chiama barriera della "reattanza". Senti che ti stanno mettendo sotto pressione, quindi cominci a retrocedere e, una volta entrato in questa modalità di pensiero, non importa cosa dice il venditore, non riuscirà a convincerti. Fine del gioco.

Se il venditore avesse provato ad utilizzare la parola "se" per creare una situazione ipotetica e non minacciosa, le cose avrebbero potuto essere molto diverse. Questo è ciò che avrebbe potuto dire:

"Se una persona nella tua stessa condizione fosse venuta da me, gli avrei raccomandato la polizza X".

Sembra inoffensivo, non è così?

Il venditore non ti sta raccomandando nulla, direttamente. Sta parlando di un'altra persona immaginaria. La parola "se" apre una breccia nella resistenza perché, altrimenti, la barriera della "reattanza" avrebbe respinto qualunque tipo di approccio. Sfortunatamente per te, la tua resistenza continua a non permetterti di vedere la grande opportunità che hai davanti, e qui arriva la prossima barriera di resistenza: la "diffidenza". Ecco cosa rispondi:

"Lo dice solo perché ci guadagnerebbe una commissione molto alta! I venditori sono tutti uguali, vogliono solo imbrogliare la gente."

Questo è di sicuro comprensibile. Ci sono alcuni venditori che hanno motivi occulti ma, anche se non conosco il numero esatto, so anche che non sono tutti dei truffatori. Esiste la possibilità che questo venditore in particolare voglia soltanto essere utile.

La barriera della diffidenza tende ad apparire in termini assoluti, e la frase "Tutti i venditori vogliono solo imbrogliare la gente" è un esempio perfetto di questo tipo di generalizzazione. Fortunatamente, la parola "se" allontana le persone dal pericoloso territorio degli assoluti e li riporta ad un punto di vista più realistico. È in questo modo che il venditore onesto potrebbe utilizzare alcuni "se" per aiutarti a superare la tua diffidenza:

"Ha ragione, ci sono dei venditori che cercano sempre di imbrogliare. L'ho visto io stesso. Ma, se esistesse una cura per il cancro, per spiegarla alla gente dovremmo comunque "vendergli" l'idea. Per caso questo significa che stiamo imbrogliando? Certo che no. Quindi, siamo onesti, la polizza X non è una cura per il cancro, ma cosa accadrebbe se fosse la cura per il suo problema di assicurazione sulla vita?

Questa abile mossa del nostro venditore ti ha aiutato a superare la fase della diffidenza, ma ancora non hai finito di lottare.

"Forse, però non sono convinto del prezzo". (O qualunque altra possibile obiezione).

Qui compare la terza barriera della resistenza: il "controllo". Questo è il momento in cui, durante il processo decisionale, soppesi tutti i pro e i contro un po' più a fondo e con maggiore attenzione. Discutendo i dettagli della polizza X con un venditore onesto, vengono evidenziati i punti forti, ma vengono alla luce anche le sue debolezze. Sono queste debolezze che possono creare questa barriera psicologica. Esiste una possibilità legittima che il controllo rovini questa trattativa e non ti permetta di approfittare di questa opportunità. Fortunatamente, il nostro venditore onesto ha di nuovo a disposizione la parola "se".

"Se potessi mostrarti un modo per ottenere i benefici completi della polizza X ad un prezzo estremamente convenienti, la faresti?"

Questa linea di azione particolare è talmente efficace che anche i venditori disonesti hanno successo quando la utilizzano. Se accetti, allora ti sarai impegnato abbastanza. Se invece dici "non ora", sarai solo in disaccordo con te stesso. Ancora una volta, si tratta di una frase a cui è più facile dire di sì, perché è solo ipotetica e il peso della realtà continua a non essere presente.

A questo punto, tre barriere sono già state superate. Per il nostro venditore onesto, è una semplice questione di esporre i fatti e permettere che il cliente prenda la decisione migliore. Tuttavia, nonostante il fatto che a questo punto siamo entrambi abbastanza d'accordo sulla polizza X, c'è ancora una barriera di resistenza da superare. Se il nostro venditore onesto non ti aiuta a superare questa barriera per farti stipulare una polizza di assicurazione migliore con un prezzo superiore, avrà fallito e sarai obbligato ad accontentarti della seconda miglior offerta.

Questa è la barriera di resistenza che Knowles e Linn chiamano "inerzia". La cosa più difficile per un essere umano non è scalare il Monte Everest. Non è crescere un figlio. Non è creare un'opera d'arte. Gli psicologi dicono che la cosa più difficile per un essere umano è cambiare i propri schemi di comportamento. Detestiamo il cambiamento. L'inerzia è la differenza tra dire che faremo qualcosa e farla davvero. In questo caso, puoi essere convinto che ti convenga stipulare quella polizza di assicurazione, dici che lo farai...ma non ora. Hai bisogno di qualche giorno per pensarci, e alla fine non stipulerai quella nuova polizza conveniente, perché non ti piacciono i cambiamenti.

Di nuovo, il nostro venditore onesto ti salverà dal procrastinare e costruirà un ponte sull'abisso dell'inerzia utilizzando la parola "se". Ecco come:

"Possono accadere molte cose in una settimana. Cosa accadrebbe alla sua famiglia se, Dio non voglia, le succedesse qualcosa in questi giorni? Come si sentirebbe riguardo la sua decisione di posticipare questa stipula?

Ora stai sperimentando ciò che gli psicologi chiamano "anticipazione e rimorso". Nello studio di Crawford, McConnell, Lewis e Sherman che abbiamo nominato prima, si parla di una condizione di rimorso anticipato. Quindi, se il ricercatore, invece di dire solamente "Bisogna decisamente scegliere la squadra X", avesse aggiunto frasi come "Perché ve ne pentireste se non li sceglieste e vincessero" oppure "Quanto stareste male se non li sceglieste, e finissero per vincere"?"

L'anticipazione del rimorso ha avuto un effetto decisivo sulla decisione dei partecipanti. Prima, il 76,5% dei partecipanti NON aveva scelto la squadra raccomandata, ma con l'anticipazione del rimorso, i partecipanti hanno cambiato completamente il proprio comportamento e hanno scelto la squadra raccomandata il 73% delle volte. Sembra che la loro resistenza sia svanita quasi completamente: l'abile utilizzo della parola "se" tende a produrre questo effetto.

Ora vediamo altre applicazione de "se".

Come utilizzare il potere del "se" con chi si lamenta

Conosci il genere. Sono quelli per cui nulla è mai abbastanza buono. Tutto è misero e sentono come un loro dovere informare gli altri di quanto le cose vadano male. È molto comune essere circondati dalla negatività sul posto di lavoro, ed è arrivato il momento di utilizzare la parola "se" per mettervi fine.

Questi sono i cinque passi per affrontare le persone che si lamentano in modo cronico:

Passo 1: Controlla tutta la negatività e determina quali sono le principali preoccupazioni di chi si lamenta. Non vergognarti di tirare fuori un taccuino e iniziare a fare una lista dei suoi problemi mentre si lamenta, solo "per assicurarti del fatto che sia fatto tutto bene".

Passo 2: Ripeti la lista di lamentele a voce alta, per avere conferma che siano giuste.

Passo 3: Convertilo rapidamente in ottimista e chiedigli dei suggerimenti per risolvere la situazione invece di altri problemi.

Passo 4: Fornisci un piano di azione.

Passo 5: Concludi la questione. Chi si lamenta non sa come chiudere una conversazione e, in effetti, non si accorgeranno di tutti quei segnali sociali che sono soliti ricevere quando si lamentano. Devi interromperli. Sii deciso e chiaro, se necessario.

In teoria, tutto questo suona molto bene, ma ad un certo punto del passo 3 (quando chiedi una soluzione), chi si lamenta cronicamente dirà: "Non so come risolverlo. È per questo che vengo da te". È qui che devi utilizzare il potere del "se". Prova a fare così:

"Se avessi una bacchetta magica e potessi far accadere qualunque cosa, nel mondo, come sarebbe la tua vita senza questo problema?"

Normalmente le persone non riescono a concentrarsi sulle soluzioni perché restano intrappolate nel come. Non si riesce a capire "come" migliorare una condizione fino a quando si sa davvero qual è la sua soluzione. Devi aiutarli a concentrarsi sul "cosa", e per farlo devi utilizzare la parola "se".

La frase "Se avessi una bacchetta magica" invia il messaggio "Per ora dimentica il 'come' e pensiamo al 'cosa' vogliamo".

Perché è così importante fare in modo che immaginino un risultato positivo? Perché nel momento in cui lo immaginano e lo spiegano, è più probabile che si realizzi davvero. Potrebbe sembrare qualcosa di sciocco, o troppo semplicistico, ma non sottovalutare mai la capacità della mente umana di influenzare i risultati. Una ricerca realizzata da SJ Sherman, RB Skov, EF Hervitz e CB Stock nell'Università dell'Indiana ha scoperto che quando le persone descrivono un risultato ipotetico in modo positivo, non solo aumentano la propria possibilità di successo, ma migliorano anche il loro impegno reale. Quindi, la chiave sta nell'elemento ipotetico, e la parola "se" li porta proprio lì.

Adesso vediamo una variante dello schema per utilizzare l'elemento ipotetico.

Utilizzo dell'elemento ipotetico

Una delle ragioni più comuni che ascolto dalle persone che dicono di non poter esporre le proprie idee, è che hanno paura di un eventuale rifiuto. È per questo che ora vedremo un insieme di parole che puoi utilizzare per presentare qualcosa quasi a qualunque persona, in qualunque momento e senza doverti preoccupare assolutamente del rifiuto. Lo schema è il seguente:

"Non sono sicuro che possa interessarti, ma…"

Prendiamoci un momento per capire come funziona questa semplice struttura.

Iniziando la frase con "Non sono sicuro che possa interessarti, ma...", stai facendo in modo che la mente inconscia di chi ascolta stia ascoltando te, e allo stesso tempo gli stai dicendo "Non ti sto facendo affatto pressione". Suggerendo che chi ascolta possa non essere interessato, ovviamente aumenti la sua curiosità, ed è proprio questo aumento di curiosità che li attira. Questo comando colpisce un controllo interno che dice che devi prendere una decisione, e l'approccio dolce garantisce che questa decisione dia l'impressione di essere non pressante ma libera. Tuttavia, la vera magia accade con la parola alla fine di questa frase, una parola che, ironicamente, di norma dovrebbe essere evitata in tutte le conversazioni: la parola "ma".

Più avanti vedremo nel dettaglio l'utilizzo di questa parola, ma per il momento immagina di ricevere un commento dal tuo capo che inizia dicendo "Sai che sei un membro davvero valido della squadra, hai fatto davvero un buon lavoro, ma devi migliorare alcune cose". Qual è l'unica parte che ricorderai? Come vedremo in seguito, la parola "ma" nega tutto quello che è stato detto prima di essa, quindi quando dici a qualcuno "Non sono sicuro che possa interessarti, ma...", la piccola voce all'interno della mente di chi ascolta dice "È possibile che desideri scoprirlo."

Vediamo qualche esempio:

"Non sono sicuro che possa interessarti, ma vorresti sapere come (inserisci i risultati e i benefici del tuo prodotto o servizio)?"

"Non sono sicuro che possa interessarti, ma abbiamo dei programmi per sabato, e se ti va puoi unirti a noi."

"Non sono sicuro che possa interessarti, ma questa opzione è disponibile solo per questo mese, e mi dispiacerebbe se la perdessi."

Questa impostazione libera dal rifiuto porta ad un risultato semplice, e accadrà una di queste due cose: la persona che ti ascolta ti chiederà altre informazioni perché è davvero interessata o, nel peggiore di casi, dirà che ci penserà.

Positivismo

Con "positivismo" non mi riferisco al pensiero filosofico della legge di attrazione, ma a qualcosa di più tangibile. Tutti temiamo il rifiuto. La domanda inquietante "Cosa accadrà se mi dicesse di no?" ha impedito che venissero fatte richieste di aumento di stipendio, che venissero realizzate telefonate commerciali e che venissero chiesti appuntamenti che avrebbero potuto cambiare la vita delle persone.

Una ricerca dopo l'altra, tutte confermano che il timore principale delle persone è la paura di parlare in pubblico, conosciuta anche come la paura del rifiuto pubblico. Milioni di anni di evoluzione ci hanno insegnato che la massa deve essere favorevole verso noi, e non contraria. È una "saggezza" primitiva, ma molto potente che fa in modo che la nostra mente percepisca il rifiuto come una minaccia per la nostra stessa sopravvivenza. Un "no" fa male come nient'altro. Al contrario, un "sì" è esattamente l'opposto del rifiuto. È un segnale di accettazione, di comprensione e positivismo.

Allo stesso modo che con lo schema precedente, la chiave qui è nel "sì". Un "sì" significa che non dobbiamo cambiare (perché detestiamo cambiare) e le nostre menti adorano sentirlo. Ora vediamo come possiamo utilizzare questa parola per motivare ed influenzare in modo positivo.

Ci sono domande con un risultato positivo

Nel loro affascinante articolo intitolato "Comportamento motivante e oggettivo tramite il dialogo interno introspettivo", i ricercatori Ibrahim Senay, Dolores Albarracín e Kenji Noguchi descrivono i sorprendenti risultati di un ingegnoso esperimento condotto nel 2010.

È stato fatto credere ai partecipanti dell'esperimento che i ricercatori fossero "interessati alle loro capacità di scrittura" ed è stato loro chiesto di scrivere venti volte una delle seguenti parole o frasi: "Io", "Vado", "Devo risolvere" o "Devo risolvere?". Una volta completato il compito di scrittura, i partecipanti hanno ricevuto una serie di cruciverba da risolvere. Il gruppo che ha scritto la frase interrogativa "Devo risolvere?" ha superato gli altri tre gruppi in questa risoluzione di quasi il doppio. Si sospettava che preparare i soggetti con una domanda invece di un'affermazione avrebbe migliorato significativamente il loro rendimento in un compito successivo, di conseguenza sono stati condotti altri tre esperimenti, che hanno confermato i risultati.

Un altro studio, realizzato da Peter Schulman e pubblicato sul Journal of Selling and Sales Management, ha scoperto che i venditori che sono ottimisti superano i venditori pessimisti del 35%. La caratteristica definitiva di un ottimista è che risponderà alle domande positive con un "sì". I pessimisti, al contrario, preferiscono continuare ad utilizzare la risposta che usano quasi per ogni cosa: "no". Ma anche se il tuo pessimismo non ti permette di crederci, prova a dare un'occhiata al passato. In uno studio di Adam Galinsky e Thomas Mussweiler dell'Istituto di Psicologia dell'Università di Würzburg, ai partecipanti di alcune trattative è stato chiesto di ripensare, proprio prima della trattativa, ad un periodo della loro vita quando si sono sentiti dominanti o potenti, e questi hanno dimostrato di esercitare più influenza durante le tappe del processo di trattativa e, alla fine, hanno ottenuto migliori risultati individuali.

Qui entra in gioco un elemento del principio "fingere fino a riuscirci". Anche se non ti senti troppo positivo riguardo al risultato, continua a dire di sì. La tua mente crea associazioni profonde tra la parola "sì" e il positivismo, l'ottimismo e la fiducia necessari per essere un comunicatore più influente. Semplicemente dicendolo, la tua mente ricorda tutte le volte in cui hai detto di sì, in passato. Sensazioni di emozioni, positivismo, ottimismo e fiducia sembrano seguire la parola "sì" ogni volta che viene utilizzata.

Oltre a dire "sì" a te stesso prima di un'interazione di qualsiasi genere per aumentare il tuo potere di influenzare, c'è un momento specifico in cui dovrai trovare quella parola nelle persone che desideri persuadere: cerca quel "sì" dall'inizio della conversazione.

Trova il primo "sì"

In ogni ragionamento, trattativa, conversazione, revisione o presentazione, devi sforzarti di trovare un "sì" dall'inizio. C'è sempre qualcosa a cui entrambi potete dire sì, e non temere di essere quello che lo dice per primo.

Dire di sì all'inizio di un'interazione allevia la pressione, crea una relazione e apre la mente. A volte non devi neanche esprimere verbalmente questa accettazione. In effetti, il tuo linguaggio corporeo può giocare un ruolo fondamentale all'inizio di un'interazione. Quando ti incontri con qualcuno, la sua mente realizza una rapida "valutazione delle minacce" e cerca un modo per rispondere alla domanda "Posso fidarmi di te?" La tua posizione, il contatto visivo, la tua stretta di mano, i tuoi piedi, il tono della tua voce e il resto dei tuoi segnali non verbali devono gridare "Sì!"

Quindi SORRIDI! Adotta una posizione del corpo aperta. Affrontalo direttamente e inclinati leggermente in avanti. Mantieni un contatto visivo stabile, anche senza guardare fisicamente. Rifletti le sue azioni, non incrociare le braccia e non lasciare che il tuo naso si alzi troppo in aria. Queste semplici regole di linguaggio corporeo ti aiuteranno a superare qualunque valutazione di minaccia con grande successo. Il "sì" che dici con il tuo corpo farà sì che l'altra persona senta un'istantanea sensazione di fiducia in tua presenza.

Vediamo un esempio del "sì" in azione:

Andrea è una donna che lavora in un centro benessere e sta per incontrare un potenziale cliente, Juan. Juan ha mostrato interesse per un'iscrizione annuale, ma sta resistendo. Vediamo come Andrea utilizza in modo magistrale il "sì" per aiutare Juan a superare i propri dubbi:

Andrea: (sorridendo e in modo amichevole) Salve, tu sei Juan?

Juan: Sì.

Andrea: Fantastico! Sei qui per il tuo appuntamento delle dieci e mezza, non è vero?

Juan: Sì.

Andrea: Non riesco a credere che siano solo le dieci e mezza e faccia già così caldo!

Juan: (Sorride e annuisce)

Andrea: Beh, ci fa piacere che tu abbia sfidato l'ondata di caldo. Cosa ti porta qui oggi?

Juan: Beh, credo di aver bisogno di rilassarmi. Faccio un lavoro molto stressante e ho bisogno di un modo per recuperare le energie.

Andrea: Allora sei nel posto giusto!

Juan: Beh, è proprio quello che voglio scoprire. Ho altre possibilità da guardare ancora.

Andrea: Ma sei qui! Di sicuro dev'esserci una buona ragione.

Juan: Sì, è la Spa più vicina a casa mia.

Andrea: Sì, e abbiamo altre tre succursali in città, più altre quaranta nel paese. Ovviamente, un'iscrizione annuale non ti servirà a molto se non riesci a venire ogni volta che ne hai bisogno, giusto?

Juan: Sì, hai ragione. Mi è già successo prima di aver pagato un abbonamento e non averlo potuto utilizzare mentre ero in viaggio.

Andrea: Ma in qualche modo ho la sensazione che questa volta sia diverso, per te. Lascia che ti spieghi qualcosa, ti faccia fare un giro e poi torniamo qui, in modo che possa farti vedere alcuni numeri.

Juan: Molto bene.

Juan vuole rilassarsi e, grazie alle eccellenti capacità di comunicazione di Andrea, ora ha l'opportunità migliore di disporre di un servizio sempre disponibile, indipendentemente dalla città in cui si trova.

Ora vediamo perché Andrea ha detto quello che ha detto:

Andrea non ha commesso l'errore di utilizzare subito il gran "sì". Invece, ha utilizzato dei piccoli "sì". Se ci fate caso, sembra che Andrea abbia perso tempo, all'inizio della conversazione, con una piccola chiacchiera apparentemente non necessaria. Tuttavia, quella piccola chiacchiera è stata in realtà molto intenzionale e sorprendentemente magica.

Uno studio realizzato da un gruppo di venditori ha rivelato il potere di ottenere "piccoli sì". Lo studio ha analizzato la questione se ottenere che qualcuno dica piccoli sì durante una conversazione potrebbe influenzate il risultato di quella stessa conversazione. Per prima cosa, i venditori hanno fatto il loro lavoro come al solito, riuscendo a concludere il 18% delle vendite, e questo non è un cattivo risultato. Tuttavia, quando gli è stato detto di ottenere un minimo di tre "piccoli sì" all'inizio della conversazione, sono riusciti a concludere il 32% delle vendite.

Quindi, il fattore rilevante da notare qui è che non importa quanto piccolo sia l'accordo, sempre e quando gli altri siano d'accordo con te. Riesci a vedere quanto un semplice commento sul tempo possa aiutarti a persuadere qualcuno e ottenere un accordo?

Esistono varie strategie per ottenere piccoli "sì". La più semplice è utilizzare quella che si conosce come domanda di etichetta. La gente è abituata ad accettare questo tipo di domande. Se qualcuno fa una domanda come "vero?" alla fine della dichiarazione, è molto difficile essere in disaccordo, vero? Con questa conoscenza già potrai cominciare a pensare a tutte le opportunità in cui utilizzare le domande etichetta nelle tue conversazioni di oggi, giusto?

Un'altra strategia per ottenere un piccolo "sì" è utilizzare una domanda di recessione. Andrea avrebbe potuto tentare una domanda di recessione come "Hai detto di aver pagato per un servizio che non hai potuto utilizzare quando eri in viaggio?" L'unica risposta che Juan avrebbe potuto dare a questa domanda è un piccolo sì, perché è esattamente quello che ha appena finito di dire. Tuttavia, un errore che commettono molte persone utilizzando le domande di recessione è che cercano di fare una precisazione. Una precisazione è quando usi le tue parole per dire quello che ha detto l'altra persona e, in generale, chiarisci perché non hai idea di quello che l'altra persona sta cercando di dire e, di conseguenza, per capire meglio, chiarisci. Non farlo quando vuoi ottenere un sì. Non utilizzare parole diverse. Ripeti esattamente quello che ti hanno detto. Immagina che Andrea avesse precisato a Juan dicendo "Oh, quindi in precedenza ti hanno truffato?". Juan non aveva detto nulla sulle truffe e, se anche per Andrea questa è esattamente "una truffa", per Juan potrebbe significare qualcosa di completamente diverso.

Un altro modo di ottenere un piccolo "sì" è utilizzare una tecnica che usano i falsi sensitivi, chiamata effetto Forer, o fallacia della conferma personale. Si tratta di affermazioni talmente generali che nessuno può essere in disaccordo con esse, ad esempio "A volte hai seri dubbi di aver preso la decisione giusta". Nonostante siano dichiarazioni generiche che riflettono una verità comune a tutti, fanno sì che chi ascolta abbia la sensazione che siano rivolte specificamente a lui. Probabilmente non utilizzerai questa tecnica per fare sedute spiritiche, ma dovresti utilizzarla per ottenere dei piccoli "sì". Questo tipo di dichiarazioni sono come i complimenti, e devi semplicemente dirle in modo sincero, ad esempio, "Sei una persona piacevole. Sono sicuro che a volte ti chiudi in te stesso e sei silenzioso, mentre altre sei estroverso e amichevole", oppure "Hai la tendenza ad essere critico con te stesso". Hai capito cosa intendo?

Continuiamo ad analizzare la precedente conversazione tra Andrea e Juan.

Far sparire le negazioni

Nota che, nell'esempio, Andrea non ha mai nominato un altro centro Spa della concorrenza, e questa è una strategia molto intelligente. Invece di cercare di fare in modo che Juan dicesse di no alla concorrenza, si è concentrata sul fargli dire "sì" alla sua compagnia, e la ragione è molto semplice. La mente non gestisce molto bene le parole negative, e fa sparire la parola "no" dal tuo subconscio; questo fa sì che le persone reagiscano esattamente nel modo opposto all'intenzione originale. Se ti dico: "Non pensare ad un elefante con dei pois gialli", ci sei riuscito? È abbastanza difficile, non è vero? Quanto più tenti di non pensarci, più quello torna ad apparire in primo piano nella tua mente, e questo a causa della sparizione del "no". È come se la tua mente avesse sentito solo "pensa ad un elefante con pois gialli". Immagina che il pilota di un aereo su cui viaggi prenda l'altoparlante e dica: "Signore e signori, è il capitano che vi parla. Voglio solo dirvi che non c'è ragione per cui preoccuparsi". Come ti sentiresti?

Quindi, questa strategia è molto semplice. Devi solo smettere di dire alla gente a cosa deve dire "NO" e iniziare a dirle a cosa deve rispondere "SI".

Quindi, per ricapitolare, è stato dimostrato che la parola "sì" aumenta all'istante la tua capacità di influenzare coloro che ti circondano. Il "sì" è potente perché trasmette accettazione, qualcosa che gli psicologi hanno identificato da molto tempo come una profonda necessità umana. Non importa quanto possa essere sgradevole una persona, c'è sempre qualcosa su cui si può essere d'accordo, e devi essere disposto a trovare quel primo "sì" da utilizzare come punto di partenza. Fai in modo che una persona dica un minimo di tre "sì" all'inizio di una conversazione, evita l'utilizzo dei negativi e rafforza le tue dichiarazioni facendole seguire da "Sì, e…".

Cambiare lo stato emotivo delle persone

Perché dovresti voler cambiare lo stato emotivo di una persona? Tutte le credenze, decisioni e pensieri hanno un contenuto emotivo. Alcune volte questo contenuto emotivo è grande, ma altre volte è talmente piccolo che non sappiamo neanche che c'è. In qualche modo, il contenuto emotivo è sempre presente in tutto quello che facciamo, e gioca un ruolo fondamentale nelle nostre decisioni. Hai notato come cambiano le tue credenze su te stesso e sul mondo a seconda dello stato d'animo in cui ti trovi? Tutte le decisioni che hai preso mentre eri felice, triste o annoiato sarebbero state diverse se ti fossi trovato in un altro stato d'animo. Quindi, se possiamo cambiare l'emozione, allora possiamo cambiare la credenza, il pensiero o l'idea.

Ora riesci a comprendere l'importanza di imparare a modificare lo stato emotivo delle persone? Di seguito, apprenderai come farlo. Tieni presente che cominceremo dalle basi e mano a mano aggiungeremo gradualmente altri elementi fino a raggiungere una strategia completa.

Dobbiamo ricordare che quando si parla con altre persone, queste creano una rappresentazione interna di quello che si sta dicendo, e devono farlo perché la frase abbia senso. Se dico "Non emozionarti con questa idea", devi farti una rappresentazione interna dell'emozione per fare in modo che la frase abbia senso.

Ora, se volessi, potrei farti sperimentare alcune sensazioni in più. Ad esempio, potrei costruire una frase del tipo: "Quando ho davvero una buona idea, comincio a sentire un formicolio nello stomaco che inizia a salire fino al petto mano a mano che continuo a pensare a tutte le cose che potrei fare con quel nuovo concetto. È così che so che si tratta davvero di una buona idea…"

In questo caso è accaduto qualcosa di sottile e molto interessante. Noterai che nell'esempio ti ho dato delle istruzioni su come devi sentirti quando hai una buona idea. Noterai anche che ho iniziato parlando di me e ho concluso parlando di te. Le persone se ne rendono conto raramente, anche se in molti utilizzano questo modo naturalmente e senza rendersi conto nelle proprie conversazioni. Nel gergo della PNL, questo è noto come cambiamento dell'indice referenziale, ed è un modo perfetto per iniziare una conversazione parlando di se stessi e concludendo parlando degli altri, senza che questi se ne accorgano.

Ora aggiungiamo un altro elemento ancora per affinare la nostra tecnica, e vediamo l'importanza delle domande.

Se dico "Voglio che ora tu sia incuriosito", dovrai formare una rappresentazione interna per comprendere quello che sto dicendo, anche se non avrai nulla con cui collegare questi elementi, dato che questa frase non avrà molto effetto su di te, vero? Ora, se dico "Quando sono incuriosito sento una specie di ronzio nella testa e sento un'attrazione per l'argomento, come se si trattasse di una calamita da cui la tua mente non può scappare fino a che non ha appreso altro", ti sto dando delle istruzioni su come essere incuriositi, e sto utilizzando un cambiamento nell'indice referenziale. In questo caso, probabilmente siamo un po' più vicini rispetto al primo esempio, ma continui a non collegare gli elementi.

Ma se invece della frase precedente, ti chiedessi solo "Come sai quando senti una curiosità immensa?" In questo caso dovrai cercare dentro di te per trovare le risposte e scoprire il tuo stesso processo di curiosità, quindi le emozioni e sensazioni associate saranno più significative per te.

Se ora dicessi "Quando sono incuriosito sento una specie di ronzio nella testa e una forte attrazione per l'argomento, come se si trattasse di una calamita da cui la tua mente non può allontanarsi fino a che non ha appreso altro. Tu come sai quando senti una curiosità immensa?" In questo caso il tuo cervello vorrà dare una risposta a questa domanda, e per farlo dovrà provare entrambe le frasi e comparare i risultati, quindi con le mie parole ho fatto in modo di farti accedere alle tue sensazioni.

Prima di continuare facciamo un piccolo riassunto di quello che hai appreso, in modo da mantenere le idee chiare.

Ora conosci i 4 modi seguenti di accedere alle emozioni di una persona, dal più debole al più forte:

1. Fornire direttamente delle rappresentazioni interne. "Potresti trovarlo interessante".

2. Fornire un processo per le emozioni. "Quando sono interessato ad un argomento è perché all'improvviso vedo tutte le possibilità, e riesco facilmente ad immaginare tutti i nuovi modi di applicare questa conoscenza".

3. Fare domande. "Come sai quando sei davvero interessato ad un argomento?"

4. Utilizzare una combinazione delle tre precedenti. "Non so se troverai interessante questo argomento. Di sicuro, quando ho scoperto questi nuovi concetti per la prima volta, ho iniziato subito a pensare ad una marea di possibili applicazioni e l'interesse si è trasformato in eccitazione mano a mano che vai avanti ad immaginare tutte le applicazioni. Ho sentito come un aumento della temperatura all'interno del petto mano a mano che mi venivano sempre nuove idee. Come sai quando il tuo interesse si trasforma in eccitazione?"

Molto bene, ora che sappiamo come accedere alle emozioni delle persone, vediamo uno schema di linguaggio che ti permetterà di fare in modo che la gente si faccia coinvolgere emotivamente da quello che stai dicendo.

Sappiamo che le persone decidono attraverso le emozioni, e poi utilizzano la ragione e la logica per giustificare quelle decisioni. Fortunatamente, esiste uno schema di PNL che approfitta di questa condizione per evocare lo stato emotivo che si desidera, e presuppone che la persona che lo ascolta farà ciò che dici. È molto semplice da utilizzare. Lo schema è il seguente:

> **"Pensa a quanto <emozione positiva> proverai quando finalmente <ciò che vuoi che faccia, pensi o provi>"**

Vediamo alcuni esempi:

"Pensa alla felicità che proverai quando finalmente avrai un bellissimo giardino".

"Pensa a quanto sollievo proverai quando finalmente lascerai il nostro studio". (Magari di un dentista).

"Pensa a quanto sarà tranquilla la tua famiglia quando finalmente si trasferiranno in questa casa".

Devi pensare al tipo di emozioni che ti piacerebbe che la persona sentisse, e poi pensare a come potrebbe fare quella persona a raggiungere i risultati che desidera facendo ciò che vuoi tu. In questo senso, la parola "finalmente" è utile soprattutto quando il risultato può essere difficile (ad esempio perdere peso o smettere di fumare), e la persona ha già provato varie soluzioni prima di incontrare te.

Questo è uno schema molto versatile, e puoi modificarlo aggiungendo un'emozione positiva e una terza persona o un gruppo. Ad esempio:

"Pensa all'invidia dei tuoi vicini quando ti vedranno guidare una macchina del genere".

L'idea centrale di questo schema è la seguente: se dici alle persone perché vogliono o hanno bisogno di fare qualcosa, otterrai solo la reputazione di un disperato. Tuttavia, se gli mostri come le tue idee e le tue capacità possono portargli soldi, protezione, comodità, sicurezza, orgoglio, amore, o qualunque cosa desiderino, quelle stesse persone cominceranno a dare maggior valore alla tua prospettiva, e quando le persone danno peso alla tua prospettiva, sei diventato una persona persuasiva.

Di conseguenza, per essere persuasivo devi essere in grado di provocare stati emotivi per divertimento e per soldi. Richard Bandler ha detto: "Non importa cosa credi di vendere. Si tratta semplicemente di sentimenti ed emozioni". Ricorda che le persone comprano sentimenti ed emozioni e poi giustificano la propria decisione con logica e ragione, quindi se vuoi approfittare di questo aspetto della natura umana, devi scoprire le sensazioni che vogliono e dargliele sotto forma di benefici.

Che tipo di benefici? Di seguito c'è una lista dei benefici che le persone normalmente cercano (Senza un ordine particolare):

- Fare soldi

  Risparmiare soldi

- Risparmiare tempo

- Sentirsi sicuri

- Migliorare la propria salute

- Essere più attraenti

- Avere un aspetto più giovanile

- Fare del sesso migliore

- Impressionare gli altri

- Fare parte di un gruppo speciale

- Aiutare la famiglia

Quando vendi qualcosa (anche un'idea) chiediti: perché qualcuno dovrebbe comprarla? Ad esempio, immagina di vendere occhiali da sole. Potresti chiederti, perché qualcuno dovrebbe comprare questi occhiali da sole? La risposta dipende dal fatto che gli occhiali siano accessori di moda o abbiano solo la funzione di proteggere gli occhi. Se sono accessori di moda, il beneficio potrebbe essere impressionare gli altri, dimostrare uno status, o essere più attraenti. A questo punto presenta questo beneficio utilizzando una storia, come una ricerca, una metafora, oppure fagli presente quello che non otterrebbero se non comprassero il tuo prodotto. Quindi, la prossima volta che cerchi di convincere qualcuno oppure di vendere un prodotto, prova questa formula.

Di seguito, vedremo come far uscire le persone da uno stato d'animo negativo.

Come far uscire le persone da stati d'animo negativi

Hai provato a produrre un cambiamento in qualcuno che si trova in uno stato d'animo negativo? Probabilmente lo hai fatto e saprai quanto è difficile, o impossibile, riuscirci. Fortunatamente esiste uno schema di linguaggio che ci aiuterà a cambiare lo stato di una persona ad uno più positivo che le permetta di vedere nuove possibilità. Questo è uno schema molto facile da utilizzare e hai bisogno solo di due parole che, nonostante la loro semplicità, hanno un grande potere quando vengono utilizzare nel modo seguente:

"(X) ancora. E questo perché (Y)"

In questo schema, (X) è il problema che la persona sta affrontando. Conviene che sia la persona stessa a dirti come si sente piuttosto che cercare di leggere i suoi pensieri e utilizzare le tue supposizioni. La seconda parte di questo schema, (Y), è la ragione per cui il suo stato cambierà.

Come vedrai negli schemi successivi, la parola "perché" è molto potente, dato che la maggior parte delle persone sono facilmente persuase a fare qualcosa quando gli viene data una ragione per farlo, anche se si tratta di una ragione debole.

Vediamo qualche esempio:

"So che ancora non riesci a capirlo. E questo solo perché hai bisogno di altri esempi".

"Ancora non hai fiducia. E questo solo perché hai bisogno di fare più pratica".

Possiamo anche aggiungere delle piccole variazioni:

"Sì, sembra caro. E questo perché non ti ho ancora mostrato quanto valore aggiungerà al tuo studio".

"So che sei scettico. E questo perché non ti ho ancora dimostrato come funziona".

Con questo schema di linguaggio stiamo riconoscendo l'esperienza negativa della persona e le stiamo dando una ragione "per" cambiare.

La parola "ancora" in questo schema è altrettanto importante, dato che stiamo presupponendo che il suo stato cambierà, e questo è particolarmente utile nel contesto delle vendite. Se stai vendendo qualcosa, probabilmente sai che è difficile far uscire dall'inerzia le persone per fare in modo che spendano, ma tutto quello di cui hai bisogno è la parola "ancora".

"Ancora" implica che il tuo possibile cliente è ancora bloccato nel passato, che quello che ha fatto finora non è andato bene e che i suoi problemi non sono stati risolti, ma suggerisce anche che quello che gli stai offrendo tu è la soluzione.

Vediamo alcuni esempi:

"Se ancora continua ad utilizzare Microsoft Word per creare documenti…" (Magari stai vendendo un altro tipo di software per processare documenti).

"Stai ancora cercando la tua anima gemella?" (Per un servizio di appuntamenti o un libro che parla di relazioni di coppia).

"Continui ancora ad utilizzare Yahoo! Per fare le ricerche su Internet?" (E poi fornirai le tue ragioni per cui non dovrebbero utilizzare Yahoo!).

Ti consiglio di nuovo di non essere rigido e di utilizzare la tua creatività per applicare questo schema durante le tue conversazioni. Personalmente, mi piace utilizzarlo sotto forma di domanda, come negli esempi precedenti, dato che la nostra mente è programmata per rispondere alle domande. Sei d'accordo con me?

Di seguito vedremo un'altra tecnica per provocare stati emotivi.

Come provocare stati emotivi al momento giusto

Questo è uno schema interessante che combina una proiezione del futuro con un comando determinato e una premessa. Probabilmente non riesci a comprenderlo ora, ma si tratta di una combinazione molto potente. Lo schema è il seguente:

"Sarai <stato emotivo positivo o negativo> quando ti dirò/mostrerò…"

Il comando determinato viene dopo "Sarai/Avrai…" ed è una parte dello stato emotivo. Vediamo alcuni esempi per riuscire a comprenderlo meglio:

"Sarai molto felice quando ti dirò il prezzo di questo corso".

"Sarai entusiasta quando scoprirai dove ti porterò stasera".

"Impazzirai quando ti racconterò quello che ho fatto...".

Le persone si sentono più motivate a fare qualcosa una volta che le loro emozioni sono state stimolate, soprattutto se sono emozioni forti, e questo schema in particolare è l'ideale per stimolare questo genere di emozioni.

Con lo schema seguente comincerai a sentire la tua mente ribollire quando scoprirai il modo di inserire idee nella mente delle persone.

Inserire idee nella mente delle persone

Ti mostrerò una tecnica che ho scoperto e che viene utilizzata dagli scrittori di annunci pubblicitari per fare in modo che chi li legge cominci a pensare nel modo che vogliono. Questo schema di linguaggio è molto potente anche se, curiosamente, sono pochi i praticanti di PNL che lo conoscono. Si utilizza per inserire idee nella mente delle persone. Lo schema è il seguente:

"È <la questione> (X)?"

(X) è qualcosa di positivo o negativo che vuoi che le persone pensino o credano. Potrebbe essere una domanda semplice a cui si può rispondere con "sì" o "no", anche se è meglio formulare domande retoriche che esprimano la tua opinione in modo dissimulato, ad esempio:

"I Doberman sono i cani da guarda migliori per la tua casa?"

"I Doberman sono i cani più pericolosi del mondo?"

Utilizzando le domande in questo modo, anche se si può rispondere in modo semplice con "sì" o "no", hai la possibilità di creare un presupposto, soprattutto se la persona che riceve il messaggio non ha alcuna conoscenza sull'argomento. Tuttavia, anche se la persona sa qualcosa sull'argomento in questione, può comunque restare incuriosita abbastanza da voler leggere o saperne di più sul tuo punto di vista riguardo all'argomento in questione.

Puoi creare diverse variazioni di questo schema e fare domande del tipo:

"Hai notato che…?"

"Ti sei reso conto che…?"

"Riesci a credere che…?"

Vediamo alcuni esempi:

"Hai notato che le persone che utilizzano schemi di PNL hanno successo in tutti gli ambiti della loro vita?"

"Sei consapevole che i prezzi delle proprietà in questo quartiere saliranno nei prossimi anni?"

"Ti sei reso conto che è sempre più difficile trovare un lavoro senza un curriculum scritto in modo professionale?"

La cosa interessante di questo schema è che non importa la risposta delle persone. Potrebbero rispondere "sì" oppure "no", ma hai seminato la tua idea nella loro mente. Inoltre, puoi utilizzare questo schema come un elemento di prova dei tuoi messaggi, anche se non si tratta di vere prove. Ad esempio, immagina di dover vendere un libro per migliorare le prestazioni, e parte del tuo lavoro è incentrata su un metodo di respirazione per aumentare la consapevolezza e la prestazione. Potresti dire qualcosa del genere:

"Hai notato che Tiger Woods inspira profondamente per tre volte prima di fare un tiro? Beh, esiste una ragione per questo…"

Ora è il tuo turno: riesci a pensare a tutte le applicazioni di questo schema nella tua vita personale e professionale?

Con lo schema seguente imparerai come cambiare la direzione dei pensieri delle persone.

Cambiare la direzione dei pensieri delle persone

Nel gergo della PNL, questo tipo di tecnica si chiama ridefinire, ma il nome non è importante, quanto piuttosto il modo in cui utilizzi questa conoscenza, quindi è di questo che parleremo. Questo schema si utilizza per spostare la conversazione da un tema ad un altro, ad esempio, quando stai chiacchierando con qualcuno che si è bloccato su un certo punto e vuoi cambiare l'andamento della conversazione per trattare le tematiche che interessano a te.

Riesci ad immaginare la quantità di applicazioni per questo schema? Alcune conversazioni con i tuoi figli? Con il tuo partner? Con il tuo capo? La cosa importante non è a quante applicazioni io riesca a pensare e scrivere in questo libro, ma le applicazioni che riesci a trovare tu. Questo è l'unico modo per interiorizzare davvero questa conoscenza. Ora prenditi qualche momento per pensare ad un paio di situazioni in cui avresti voluto cambiare il corso o l'andamento della conversazione.

Parlo sul serio. Fallo.

Se stai leggendo questo libro solo in modo superficiale, stai solo perdendo il tuo tempo. Devi pensare.

Lo hai fatto?

Molto bene, ora che ci hai pensato, questo è lo schema che utilizzerai per cambiare il corso della conversazione:

"Il punto non è <il punto dell'altra persona>, ma <il mio punto>", e poi una domanda per portare la focalizzazione sull'argomento che ti interessa.

Ad esempio: "Il punto non sono i prezzi del petrolio in Medio Oriente, ma i bombardamenti che coinvolgono vittime innocenti che vivono in quella zona del pianeta. Quali misure potremmo prendere adesso per assicurarci di fare passi avanti verso la pace?"

La bellezza di questo schema sta nel fatto che non hai bisogno di pensare troppo per riuscire a portare la conversazione dove vuoi, soprattutto se poni delle domande che riguardano il nuovo argomento. Ad esempio, diciamo che mi trovo di fronte a un gruppo di dirigenti a cui voglio parlare del mio programma di formazione sulle tecniche di comunicazione, mentre loro si stanno lamentando dei problemi delle loro aziende. Io potrei dire "Il problema non sono i risultati che state ottenendo, ma il fatto che i vostri dipendenti non stanno riuscendo a risolvere da soli il problema... Cosa manca ai vostri team per riuscire a risolvere il problema per conto loro?" Questo potrebbe portarli a parlare dei problemi dei loro team e, dopo un po', io potrei interrompere dicendo "Il fatto che i vostri supervisori non stiano prendendo l'iniziativa è un problema, ma la cosa più importante, qui, è il modo in cui i supervisori comunicano la loro visione alle proprie squadre; quanto sono bravi i supervisori in questo?"

Magari a quel punto inizieranno a discutere sulla capacità di comunicazione dei loro supervisori, e allora potrei dire "Il punto non è che i supervisori non hanno le capacità di comunicare, ma il modo in cui li state aiutando...che corsi di comunicazione avete fatto?"

A questo punto potrebbero iniziare a parlare dei corsi di formazione che hanno organizzato, ma anche di quanto sono costosi, e a quel punto io potrei intervenire dicendo "Il punto principale non è il costo dei corsi, ma quanto vi sta costando lo scarso rendimento. Se potessi mostrarvi come ottenere un rendimento migliore dell'investimento del vostro budget per i corsi di formazione, sareste interessati a parlare della loro realizzazione?".

Come puoi vedere, ho indirizzato la conversazione verso argomenti diversi fino ad arrivare alla fine all'argomento che mi interessava. Bisogna sottolineare che nelle pagine seguenti apprenderai vari metodi che puoi combinare per arrivare a questo stesso obiettivo, ma il punto importante è riconoscere che puoi ottenerlo utilizzando anche solo questo schema. In effetti, se sei abbastanza bravo, potresti riuscire a fare tutto con un unico passaggio.

Vediamo un esempio di come si sarebbe potuto fare con un unico passaggio:

Torniamo all'inizio della conversazione, quando gli amministratori si stavano lamentando dei problemi nelle loro compagnie; io potrei intervenire dicendo "Il punto non sono i problemi nei vostri affari, ma quanto appoggio state dando al vostro personale per poter migliorare. Quanto migliorerebbero i risultati se investiste in corsi di formazione per migliorare le capacità di comunicazione dei vostri supervisori?".

È una mossa rischiosa, e potrebbe essere troppo evidente, tanto che io preferisco avanzare a piccoli passi, ma la cosa importante in questo caso è sottolineare che si può cambiare la direzione di una conversazione in un unico passo.

Con lo schema seguente apprenderai ad essere d'accordo su tutto pur continuando a mantenere la tua opinione.

Strutture d'accordo: come essere d'accordo con tutti pur continuando a mantenere la propria opinione

Questo schema è meraviglioso, dato che stabilisce una struttura di accordo, anche quando non esiste alcun accordo. Puoi utilizzare questo schema per far abbassare le difese, consce e inconsce, di una persona e fare in modo che ti ascolti. Se utilizzi questo schema insieme a quello di ridefinizione per cambiare la direzione dei pensieri, potrai superare tutte le obiezioni consapevoli di una persona e ridefinire completamente la direzione della conversazione.

Questo schema, preso singolarmente, permette di ottenere accordi e seminare condizioni a cui non si può dire di "no", indipendentemente da quanto sia stato detto in precedenza, anche se il punto di vista che stai seminando è totalmente opposto.

Tuttavia, ti do un piccolo avvertimento. Il successo di questo schema dipende dalla sintonia che riesci ad ottenere con l'altra persona e dal modo in cui formuli lo schema. A cosa mi riferisco? La maggior parte delle persone crede che parlare rapidamente può fargli avere un potere di influenza maggiore, e questo è un errore. Se non hai letto l'introduzione di questa terza parte del libro, ti consiglio di tornare indietro e farlo.

Questo schema si basa sul fatto che a tutte le persone piace che gli altri siano d'accordo con loro e, di solito, le parole "sono d'accordo" sono sufficienti per soddisfare questa necessità. Pensaci per un momento. Se dico che non sono d'accordo con te, ti sentirai peggio piuttosto che se dico che sono d'accordo, non è vero? La cosa interessante è che è quasi irrilevante che io sia davvero d'accordo o in disaccordo con te, mentre quello che conta è che tu mantenga le tue difese abbassate.

Lo schema è il seguente:

"Sono d'accordo, e aggiungerei..."

Ad esempio: "Sono d'accordo sul fatto che il corso è costoso, ed è per questo che è pieno di informazioni utili".

Vediamo un altro esempio. Questo è un super schema che combina quello delle strutture d'accordo e quello della ridefinizione:

"Sono d'accordo sul fatto che il corso sia costoso, e aggiungerei che il punto importante non è il costo del corso, ma quanti soldi guadagnerai utilizzando quello che apprenderai in esso".

Vediamo un altro esempio. Immaginiamo che qualcuno dica qualcosa che ti infastidisce molto, tu potresti rispondere nel modo seguente:

"Sono d'accordo con quello che dici...e aggiungerei che solo un completo idiota direbbe una cosa del genere".

Sicuramente ti starai chiedendo perché non dire direttamente che è un idiota. Beh, non si tratta di ciò che dici, ma di quello che l'altra persona pensa e sente. In questo caso, vuoi che quella persona pensi e si senta un idiota, ma se lo attacchi direttamente dicendo che non sei d'accordo, non ti ascolterebbe e si preparerebbe a difendersi. Tuttavia, se inizi con una struttura d'accordo, le sue difese inconsce si abbasseranno e si preparerà a sentire quanto ha ragione con quello che stai per dirgli, in questo caso, che "solo un completo idiota direbbe una cosa del genere".

Ora, di solito non mi pongo in posizioni così estreme e non cerco lo scontro, di conseguenza, se anche tu sei una persona accomodante, la frase potrebbe essere:

"Sono d'accordo con quello che dici, e aggiungerei che esiste un modo diverso di vedere questa situazione e che potrebbe dare risultati migliori".

Molto bene, spero che ti sia chiaro come utilizzare questo schema. Ora devo aggiungere che non devi limitarti alle strutture che ho utilizzato negli esempi. Devi usare la tua creatività per scegliere le parole più adatte al tuo modo di parlare, in modo che lo schema sembri naturale e passi inosservato a chi lo ascolta. Ad esempio, le mie due versioni di ciò che dico dopo "e" sono:

"… e aggiungerei che…"

"… e questo significa che…"

Vediamo alcuni casi:

"Sono d'accordo sul fatto che sia costoso, e questo significa che otterrai un prodotto di migliore qualità".

"Sono d'accordo sul fatto che ancora non lo comprendi completamente, e questo significa solo che stai continuando ad elaborare le informazioni".

"Sono d'accordo sul fatto che tu sia sovraccarico di lavoro e per questo ti suggerisco di tenerti un po' di tempo per rivedere le tue priorità, in modo da poter realizzare l'importante compito che ti sto chiedendo".

"Sono d'accordo che questo nuovo lavoro sia importante, e questo significa che lo dovrebbero assegnare a qualcuno che abbia il tempo a disposizione per realizzarlo".

Come puoi vedere, questo schema è molto versatile, ed è facile immaginarne diverse varianti. Un altro modo in cui utilizzo questo schema è per creare una piccola confusione che generi un'anticipazione, in modo da mantenere la persona più attenta e pronta ad ascoltare. Pensa a cosa succederebbe se mi dicessi qualcosa ed io rispondessi con "sono quasi d'accordo con te e...". Probabilmente avresti la sensazione che sono d'accordo con te, e rimarresti ad aspettare la prossima cosa che dirò per sapere su che punto sono in disaccordo.

Ora permettimi di parlare di due elementi fondamentali che fanno funzionare questo schema in modo corretto. Questi elementi sono le parole "ma" ed "e". Fai il paragone tra queste due frasi:

1. "Sono d'accordo, ma aggiungerei che…"

2. "Sono d'accordo e aggiungerei che…"

Riesci a vedere che la prima frase non funziona mentre la seconda ha un impatto maggiore? La parola "e" si somma a quanto è stato detto prima, mentre la parola "ma" cancella quello che è stato detto prima. Questo è ciò che vedremo nello schema successivo.

Aggiungere e cancellare pensieri

Gli esseri umani sanno, almeno istintivamente, che in qualunque frase, tutto ciò che viene dopo la parola "ma" è molto più importante di quello che viene prima. È per questo che cancelliamo mentalmente tutto quello che abbiamo sentito subito prima della parola "ma" e concentriamo la nostra attenzione su quello che viene dopo. Questo è particolarmente vero se quello che viene dopo il "ma" è esattamente il contrario di quanto già detto:

"È perfetto per l'incarico, ma abbiamo dovuto assumere un'altra persona".

"Mi piacerebbe uscire con te, ma non posso".

"È una grande idea, ma non posso investire in essa, in questo momento".

"Hai fatto un gran lavoro, ma c'è un'area in cui puoi migliorare".

Ci sono occasioni in cui è inevitabile dare brutte notizie o esprimere un'opinione differente a quella di qualcun altro, ma non c'è bisogno di far provare a quella persona emozioni negative quando lo fai. È sempre possibile essere in disaccordo in modo gentile. Tuttavia, anche se la maggior parte degli insegnanti ti dirà che devi sempre evitare la parola "ma", o rimpiazzarla sempre con la parola "e" (in alcuni casi è la cosa giusta da fare), ci sono altre circostanze in cui la parola "ma" è la migliore da dire per cancellare o eliminare un disaccordo. Quindi, lo schema è il seguente:

<Formula il disaccordo> + "ma" + <Formula ciò che vuoi>

Vediamo alcuni esempi:

"So che non ti piace lavare i piatti, ma so anche che ti piace aiutare tua madre quando è stressata".

"So che sembra che chiedano tutti il tuo aiuto in questo periodo dell'anno, ma so anche che sei uno dei finanziatori più impegnati della nostra organizzazione".

"So che non ti piace prendere farmaci, ma questa sta rapidamente diventando una questione di vita o di morte".

"So che sei occupato, ma devi vedere questo".

Analizziamo ora il caso contrario. La parola "e" è l'opposto della parola "ma", ovvero, invece di cancellare l'idea espressa prima di essa, un "e" ben posizionato vincola due idee, e il trucco per utilizzarla correttamente è il seguente: quando utilizzi il collegamento "e", assicurati di formulare prima l'idea più piacevole e poi aggiungi un "e" seguito dal suggerimento di ciò che vuoi che l'altra persona accetti davvero, ad esempio: "Hai fatto un gran lavoro e c'è un'area che potresti migliorare". Come puoi notare, il significato letterale della frase non cambia, anche se la sensazione che segue la frase sarà completamente diversa.

Torniamo alla parola "ma", dato che è estremamente versatile. Kenton Knepper, creatore di Wonder Words, un programma di formazione molto popolare che insegna ai maghi come utilizzare le parole per migliorare i loro spettacoli, usa varie tecniche che utilizzano "l'inganno linguistico", e uno dei più interessanti è una tecnica per rispondere a qualcuno che utilizza intenzionalmente su di te la parola "ma" per cancellare, ad esempio, "Mi piacerebbe, ma non posso".

È molto probabile che qualcuno ti abbia risposto in questo modo, in qualche momento della tua vita, dato che si tratta di un modo educato di rifiutare qualcuno senza ferire i suoi sentimenti, ed è qualcosa che può uscirci di bocca senza che neanche ci pensiamo. Kenton suggerisce di utilizzare una versione inversa dello schema del "ma", per rompere questo blocco. Ricorda che il tuo obiettivo, quando utilizzi questo schema, non è cambiare i fatti, ma le sensazioni, e tutto quello che devi fare è ripetere ciò che ti è stato detto, facendo solo un piccolo cambiamento. La frase diventerebbe così:

"Non puoi, ma ti piacerebbe?"

Vedi come cambiare semplicemente l'ordine delle parole, e non le parole stesse, può trasformare il significato della tua frase? Tecnicamente, queste frasi hanno esattamente lo stesso significato, e l'unica cosa che stai cambiando è il significato emotivo che, ovviamente, è quello più importante. Ricorda, la parola "ma" cancella quello che sta prima e migliora quello che viene dopo di essa, quindi il punto focale passa da "Non posso" a "Mi piacerebbe", e questo influenza il modo in cui viene ricordata la conversazione.

Quindi, per ricapitolare, un "ma" cancella quello che viene detto prima e migliora quello che viene detto dopo. Questo potere spesso viene utilizzato in modo accidentale, ma quando si usa intenzionalmente può avere un impatto molto positivo sul risultato di una comunicazione. I "ma" che cancellano possono aiutare a superare un "no". La parola "e" è opposta a "ma", e può essere utilizzata per eliminare l'effetto del "ma" e anche per vincolare un'idea piacevole con una meno piacevole, facendo sì che l'idea meno piacevole venga accettata. Se qualcuno usa un "ma" per cancellare qualcosa contro di te, non preoccuparti, puoi semplicemente ripetere la frase invertendone l'ordine per migliorare il modo in cui la persona ricorderà l'interazione.

Ora ti propongo di realizzare il seguente esercizio, per fare in modo che questo schema diventi un'abitudine:

Settimana 1: osserva il modo in cui le altre persone utilizzano la parola "ma". Chiediti: io l'avrei utilizzata in modo diverso? Ripeti la conversazione nella tua mente e sostituisci qualunque "ma" utilizzato in modo errato con un "ma" utilizzato intenzionalmente.

Settimana 2: cerca di sorprenderti utilizzando "ma" nelle tue conversazioni quotidiane. Chiediti: ho utilizzato l'effetto "ma" in modo corretto, in questa situazione? Se no, come potrei utilizzarlo in modo diverso se avessi l'opportunità di farlo di nuovo?

Settimana 3: sfida te stesso ad utilizzare intenzionalmente un "ma" per cancellare e un "ma" per potenziare durante questa settimana.

Dopo solo ventuno giorni in cui ti sei concentrato in modo consapevole su tutti i "ma" che ascolti e dici, ti sorprenderà il modo in cui la tua mente si sarà abituata a questa nuova e potente tecnica di comunicazione.

Con il seguente schema parleremo dell'illusione della scelta.

L'illusione di libertà e di scelta

Le persone detestano sentirsi manipolate, e quasi sempre vogliono credere di aver preso la decisione finale. Nell'ipnosi Ericksoniana esiste uno schema di linguaggio chiamato "doppio vincolo", ovvero delle frasi che offrono due o più scelte, ma in realtà si tratta sempre della stessa scelta. Ad esempio: "Puoi cadere in trance ora o nei minuti successivi".

Esiste anche una tecnica chiamata "Ma sei libero di scegliere". Più di 40 studi psicologici suggeriscono che questa tecnica può duplicare la possibilità che qualcuno risponda in modo affermativo alle tue richieste, ed è molto semplice da utilizzare. Tutto ciò che devi fare è pronunciare la tua richiesta e poi chiarire che l'altra persona la può rifiutare. Ad esempio:

"<Richiesta>, ma sei libero di non accettare".

"<Richiesta>, anche se ovviamente non devi farlo per forza".

"<Richiesta>, anche se non devi sentirti obbligato".

Come puoi vedere, il linguaggio che utilizzi non è importante, quanto piuttosto affermare di nuovo che l'altra persona ha la possibilità di compiere una scelta. Va detto che questa tecnica funziona meglio di persona, anche se può essere efficace anche tramite mail o per telefono.

Esiste una variazione di questo schema per le occasioni in cui qualcuno che conosce le sue opzioni ha bisogno di aiuto per ridurle e facilitare la sua scelta. La bellezza di questo schema sta nel fatto che ti permette di sembrare imparziale suggerendo l'opzione che più ti fa comodo. Lo schema è il seguente:

"Per come la vedo io, hai X opzioni"

Tecnicamente, stai presentando solo due opzioni, ma ora hai l'opportunità di mostrarle in modo tale da favorire la tua scelta preferita. Il trucco sta nel lasciare la scelta che preferisci per ultima, in modo da risaltare come chiaramente favorita

Vediamo un esempio:

Immagina che stai aprendo un'attività e stai cercando qualcuno per unirsi alla tua impresa. Hai già notato qualcuno e, dal suo profilo, sai che sarebbe il sostegno di cui hai bisogno per crescere. Quindi, cominci facendo una dichiarazione per stabilire uno scenario favorevole che fa risaltare l'opzione che andrai a proporre. Potrebbe essere qualcosa del genere:

"Quindi attualmente stai facendo un lavoro che detesti. Non ti piace, le giornate sembrano interminabili, ti tiene lontano dalla tua famiglia e lo stipendio non si avvicina neanche a quello che vorresti. Ti ho mostrato un'opportunità di lavoro e ti piace, ma non sei sicuro di cosa fare esattamente. Per come la vedo io, hai tre opzioni. Primo, potresti cercare un altro lavoro, sistemare il tuo curriculum, inviare candidature, fare colloqui e nel frattempo lavorare per trovare magari un altro datore di lavoro che ti offra un pacchetto simile e probabilmente lo stesso tipo di lavoro con lo stesso stipendio. In alternativa, potresti non fare assolutamente nulla, rimanere esattamente dove sei, accettare la situazione attuale e, semplicemente, lasciarti scappare questa opportunità. Oppure, come terza opzione, potresti provarci, lavorare parallelamente a quello che stai facendo ora e vedere fino a dove puoi arrivare. Tra queste tre opzioni, quale ti sembra più conveniente?"

Concludere con la domanda "quale ti sembra più conveniente?" significa che deve scegliere tra queste tre opzioni. Hai preparato tutto in modo tale che la possibilità di trovare un nuovo lavoro sia laboriosa e venga scartata e, se sei riuscito a collegare abbastanza dolore all'opzione di restare dove si trova, anche quest'opzione verrà scartata, quindi l'unica possibilità che rimane, la più facile e conveniente, è quella che tu vuoi che scelga. Hai sistemato le opzioni in modo tale che l'ultima è quella che presenta la strada con minore resistenza.

Quindi, comincia dicendo "Hai X opzioni" e finisci con "Quale ti sembra la migliore?" per vedere la gente scegliere senza sforzo quella che desideri tu. Il tuo obiettivo è diventare un catalizzatore di decisioni, e questo schema di linguaggio porta ad una decisione quasi istantanea.

Sicuramente sei riuscito molte volte a fare in modo che la gente si interessi a qualcosa, tuttavia è il processo decisionale finale che porta al risultato, quindi devi aiutarla a scegliere creando opzioni facili, e le decisioni più facili sono quelle polarizzate. Vino rosso o bianco? Spiaggia o montagna?

Vediamo alcuni esempi, semplificando al massimo le opzioni che vengono presentate ad una persona. Ricorda che il tuo obiettivo è offrire opzioni facendo in modo che una di esse risulti in evidenza in quanto opzione più facile.

"Ci sono due tipi di persone a questo mondo: quelli che lasciano il loro successo economico nelle mani dei propri dipendenti, e quelli che se ne assumono la piena responsabilità e costruiscono il proprio futuro. Che tipo di persona sei tu?"

"Ci sono due tipi di persone a questo mondo: quelli che giudicano qualcosa ancora prima di provarla e quelli che provano e basano la loro opinione sulla propria esperienza. Che tipo di persona sei tu?"

"Ci sono due tipi di persone a questo mondo: quelli che si oppongono ai cambiamenti a favore della nostalgia e quelli che restano al passo con i tempi e creano un futuro migliore. Che tipo di persona sei tu?"

Ora voglio che pensi che ci sono due tipi di persone a questo mondo: quelli che leggono questo tipo di libro e non fanno nulla e quelli che mettono in pratica quello che leggono e ottengono risultati immediati. Di seguito, vedremo un'altra variante di questo schema che puoi utilizzare per mettere in evidenza l'alternativa che ti conviene di più. Lo schema si chiama effetto esca.

L'effetto esca descrive una situazione in cui hai tre possibilità differenti, due delle quali sono autentiche e una è molto peggiore in quasi tutte le altre, ovvero, è semplicemente un'esca. Ecco un esempio di tre possibili diversi abbonamenti al "The Economist":

Opzione 1: Abbonamento on-line. US $59 l'anno.

Opzione 2: Abbonamento aziendale. US $125 l'anno.

Opzione 3: Abbonamento aziendale e on-line. US $125 l'anno.

È evidente che l'abbonamento 2 è un'esca. Si suppone che nessuno lo scelga (abbonamento aziendale per $125), dato che allo stesso prezzo si può ottenere l'abbonamento aziendale e on-line.

Dan Ariely, professore di psicologia ed economia del comportamento dell'Università di Duke, descrive questo esempio del The Economist nel suo libro Predictably

Irrational. Durante uno studio, Ariely ha fatto in modo che 100 studenti del MIT scegliessero tra le tre opzioni precedenti per abbonarsi al The Economist. I risultati sono stati i seguenti:

Opzione 1: 16 studenti hanno scelto la prima opzione (un abbonamento a Economist.com per $59 l'anno).

Opzione 2: 0 studenti hanno scelto la seconda opzione (un abbonamento aziendale per $125 l'anno).

Opzione 3: 84 studenti hanno scelto la terza opzione (un abbonamento aziendale e on-line per $125 l'anno).

Ora, dato che nessuno ha scelto la seconda opzione (solo abbonamento aziendale), cosa accadrebbe se la eliminassimo del tutto?

Ariely ha eliminato la seconda opzione e ha presentato la prima e la terza opzione ad altri 100 studenti del MIT. Ecco cos'è successo:

68 hanno scelto la prima opzione (un abbonamento a Economist.com per $59 l'anno).

32 hanno scelto la terza opzione (un abbonamento aziendale e on-line per $125 l'anno).

La differenza è notevole. L'eliminazione dell'opzione esca ha fatto sì che la terza opzione (abbonamento aziendale e on-line) fosse meno attraente, portando le persone a decidere di comprare l'opzione più economica (solo abbonamento on-line). Tuttavia, quando l'opzione esca era presente, la maggior parte degli studenti (84%) ha scelto l'abbonamento più caro (aziendale e on-line).

Quindi, se presenti differenti opzioni ai tuoi clienti o a chiunque altro che desideri influenzare, puoi aggiungere un'opzione esca per mettere in evidenza l'opzione che per te è più conveniente.

Utilizzare rappresentazioni interne per indirizzare i pensieri

Le rappresentazioni interne possono forzare la direzione dei pensieri di una persona verso ciò che stai dicendo. Questo succede continuamente in modo naturale, ma qui apprenderai cosa accade nella mente di una persona quando le parli, e probabilmente non avrai mai più una conversazione normale.

Se ti stessi parlando in questo momento, per fare in modo che quello che sto dicendo abbia senso, la tua mente inconscia dovrebbe creare una rappresentazione interna di qualunque cosa io stia dicendo. Se hai bisogno di ricordare cos'è una rappresentazione interna, puoi tornare a dare un'occhiata alla prima parte di questo libro, intitolata "Concetti di base di programmazione neurolinguistica". Te lo ricordi? Molto bene, allora continuiamo. Ad esempio, se dico "Pedro vede la montagna dietro la casa", dovrai creare una rappresentazione interna di Pedro, di una montagna e di una casa. Mi segui? Bene. Ora, se dicessi "Pedro non vede la montagna dietro la casa, perché Pedro, la montagna e la casa non esistono", cosa credi che accadrebbe nella tua mente?

Esatto! La tua mente inconscia dovrà creare la stessa rappresentazione interna degli elementi che ho nominato, anche se sto dicendo che non esistono. Quindi, per fare in modo che qualcosa abbia senso, dobbiamo sempre creare una rappresentazione interna.

Quella che segue è una rappresentazione leggermente più complessa. Fai caso alla differenza tra le due frasi:

1. "Comprendere questo concetto è difficile".

2. "Comprendere questo concetto non è facile".

Entrambe hanno lo stesso significato logico, ma hanno una rappresentazione diversa. Questa è l'idea fondamentale di molto degli schemi che abbiamo visto finora.

Adesso possiamo prendere questo concetto ed utilizzarlo per indirizzare l'immaginazione delle persone. Quando utilizziamo parole come "immagina", "considera", "supponiamo", o frasi come "e se...", "perché non...", "pensa a...", stiamo dando un comando o un'istruzione diretta alle menti delle persone per fare in modo che utilizzino la loro immaginazione nel modo in cui vogliamo che pensino.

Riesci a comprendere quanto sia furtiva questa tecnica? Semplicemente dicendo le cose giuste posso forzare le tue rappresentazioni interne senza lasciarti possibilità di scelta, a meno che tu eviti di ascoltarmi o leggere quello che scrivo. Considera tutto il potere di influenzare che avrai sulle persone, e immagina il modo in cui potrai fargli fare più cose per te, con questa nuova conoscenza.

Di conseguenza, se stai tentando di influenzare una persona, è una buona idea conoscere i suoi sistemi di rappresentazione preferiti. Ad esempio, i meccanici che si occupano di auto e i musicisti tendono ad essere più uditivi. I chiropratici sono più cinestesici. Ma che succede quando non conosciamo il sistema di rappresentazioni preferito da qualcuno?

Fortunatamente, abbiamo una parola che possiamo utilizzare in questa situazione. Probabilmente l'avrai vista in un numero infinito di annunci pubblicitari efficaci. La parola è "immagina".

Questa parola innesca automaticamente il processo di visualizzazione semplicemente nominandola, e probabilmente è lo strumento di comunicazione più potente di cui disponiamo, perché permette alle persone di immaginare qualunque visione personale nella propria mente e nel proprio cuore.

Il potere di questa parola deriva dal semplice fatto che può evocare qualunque cosa nella mente di chi ascolta il messaggio, e quello che si può immaginare è, di conseguenza, infinitamente personale. Non hai bisogno di dire alla gente i dettagli di quello che devono immaginare, incoraggiali semplicemente a farlo.

La dimostrazione più chiara di questo processo è la lettura. Quando leggi, traduci i simboli in bianco e nero della pagina in immagini nitide nella tua mente, ma le immagini mentali di ogni lettore sono diverse. Questo porta ogni lettore a collaborare con l'autore nella creazione della propria rappresentazione. Il cinema, invece, nonostante tutte le sue meraviglie, è un mezzo infinitamente più passivo e indebolisce l'immaginazione, invece di stimolarla.

In questo senso, i messaggi devono dire ciò che la gente vuole ascoltare. La chiave del successo negli schemi di linguaggio consiste nel personalizzare e umanizzare il messaggio per provocare emozioni. La gente dimenticherà ciò che dici, ma non dimenticherà mai come l'hai fatta sentire. Se chi ascolta può collegare il tuo messaggio alle proprie esperienze di vita, sarai riuscito a personalizzare il tuo messaggio.

Gli annunci pubblicitari non vendono i prodotti come un mero strumento o come un elemento con un utilizzo specifico e limitato, piuttosto vendono l'immagine di chi sarai quando utilizzerai quel prodotto. Sarai una persona più intelligente, più sexy, più attraente, più ammirata. Tuttavia, non si tratta di creare false aspettative, dato che questo sminuirebbe la credibilità. Si tratta di incoraggiare il destinatario del messaggio a volere qualcosa di meglio e poi darglielo.

E qual è il modo migliore per far arrivare il tuo messaggio?

Tramite la visualizzazione. Devi creare un'immagine vivida che la persona possa utilizzare. La visualizzazione utilizzata in modo sbagliato può rovinare anche le idee e i prodotti più popolari. Pensiamo ai produttori di "Infiniti", probabilmente la migliore automobile della Nissan negli ultimi vent'anni: hanno deciso in modo errato di lanciare questo nuovo modello in modo invisibile, letteralmente. Il lancio dell'Infiniti ha coinciso esattamente con quello della Lexus, che stava utilizzando una strategia opposta: un approccio visivo.

La tradizionale campagna pubblicitaria della Lexus mostrava il suo nuovo modello che viaggiava lungo una strada sinuosa mentre veniva mostrato lo slogan "L'incessante ricerca della perfezione". Anche se non è stata spettacolare, si è trattato di una campagna pubblicitaria solida. Al contrario, Infiniti non ha voluto utilizzare uno slogan, o anche solo mostrare la sua nuova auto, mentre ha deciso di creare nove pubblicità destinate ad illustrare le fantasie dei possibili conducenti. La campagna di "fantasia" è stata basata su un'interpretazione giapponese del lusso, quasi spirituale nella sua rappresentazione, rispetto all'interpretazione letterale dei consumatori occidentali, compromettendo la credibilità e il peso del messaggio.

Mentre Lexus riempieva le sue pubblicità con dati sulla "tradizione europea dell'auto di lusso" e con belle immagini della sua nuova auto, gli annunci di Infiniti erano deliberatamente vaghi, e mostravano solo cieli limpidi, alberi, rivoli d'acqua, senza mostrare mai un'immagine chiara dell'auto. Neanche una.

Nissan ha creato un'equazione di comunicazione destinata al fallimento: un disegno pubblicitario totalmente invisibile, con annunci pubblicitari privi di visualizzazione. Nei mesi seguenti, Nissan ha passato più tempo a difendere la sua campagna pubblicitaria che a lanciare le sue auto. La morale è la seguente: il pensiero è letterale e se non riesci a vederti fare qualcosa, le possibilità che tu la faccia sul serio sono minime o nulle.

Le persone prendono decisioni basate sulle immagini che vedono nella propria mente, quindi, se puoi mettere delle immagini nella loro mente, allora potrai utilizzare i risultati di quelle immagini per influenzare le loro decisioni.

Ma come possiamo creare immagini nella mente degli altri?

È molto semplice. Si fa raccontando una storia. Probabilmente ti ricordi che quando eri piccolo hai ascoltato molte belle storie che iniziavano con le parole "C'era una volta..."

Quando ascoltavamo quelle parole sapevamo che era il momento di rilassarsi, di godere del momento e abbracciare la nostra immaginazione mentre qualcuno utilizzava le parole per dipingere un mondo magico dentro cui potevamo viaggiare. Ora che siamo adulti, sarebbe davvero difficile creare quello stesso effetto con le parole "c'era una volta", quindi abbiamo bisogno di uno schema di linguaggio che possa creare lo stesso risultato visivo.

Lo schema è il seguente:

"Immagina solo..."

Quando utilizziamo "immagina" come imperativo (comando o istruzione) è molto probabile riuscire a coinvolgere per intero l'esperienza interna di una persona.

"Immagina come sarà…"

"Immagina per un momento come sarà tra un mese…"

"Ora immagina…"

"Immagina che faresti se…"

"Immagina solo come ti sentiresti…"

"Che accade quando immagini…?"

Per sfruttare al massimo questo schema di linguaggio, alla fine della frase devi indicare il beneficio di ciò che vuoi che le persone facciano, e puoi indicare anche le conseguenze di non fare ciò che vuoi che gli altri facciano anche se, in generale, è più efficace creare una focalizzazione da un punto di vista positivo. Ad esempio:

"Immagina solo come saranno le cose tra sei mesi, una volta che avrai migliorato questo."

"Immagina solo cosa dirà la tua famiglia se ti lasci sfuggire questa opportunità."

"Immagina solo l'espressione dei tuoi figli quando ti vedranno ottenere questo."

"Immagina solo l'impatto positivo che potrebbe avere questa decisione."

"Immagina come sarà la tua vita una volta che avrai dominato questo schema di linguaggio".

"Immagina per un momento come sarà la tua routine tra un mese, quando potrai persuadere chiunque utilizzando queste tecniche".

Quando sente la parola "immagina", la mente inconscia non riesce ad evitare di immaginare e sperimentare lo scenario che stai creando. Permetti al potere della mente creativa dell'altra persona di creare una realtà più vivida di qualunque cosa tu possa mai descrivere.

Lascia che la mente delle persone faccia il lavoro più duro e immagina la grande differenza che questo semplice schema di linguaggio creerà nella tua vita personale e professionale.

Vediamo un'applicazione particolare di questo schema di linguaggio: come chiedere un aumento di stipendio.

Come chiedere un aumento o una promozione?

La maggior parte di noi si sente a disagio al pensiero di andare nell'ufficio nel proprio capo a sollecitare un aumento o una promozione. È una delle conversazioni più odiate dalla maggior parte delle persone talmente tanto che preferiscono rimandarla all'infinito. Si tratta di una situazione che richiede delicatezza e diplomazia, forza e determinazione. La cosa più importante è metterti nei panni del tuo capo. Per lui o lei, il tuo aumento di stipendio o la tua promozione non sono una ricompensa per quello che hai fatto finora, ma un investimento specifico sul tuo impegno futuro. La domanda che si farà il tuo capo non è "Cos'ha fatto per me ultimamente", quanto piuttosto "Cosa farà per me domani?"

Preparati a spiegare quanto hai fatto bene il tuo lavoro, ma considera che dimostrare il valore passato e quello attuale è solo la metà del messaggio che devi dare. Sarà più efficace se enfatizzi ciò che preoccupa maggiormente il tuo capo, ovvero, il prossimo cliente, i contratti futuri, il prossimo progetto. Utilizza il concetto delle conseguenze, ma senza minacce o ricatti. A nessuno piace essere messo con le spalle al muro, al contrario, questo porterebbe facilmente ad una risposta negativa, un deciso "no".

Devi considerare che il punto focale della decisione del tuo capo non sarà che "meriti" un aumento, ma che ci saranno certe conseguenze implicite se non ti viene dato. Hai già dimostrato il tuo valore, ora devi concentrare i tuoi sforzi per convincere il tuo capo per fare in modo che immagini cosa accadrebbe se quel valore non fosse lì.

"Immagina se…" sono le due parole più efficaci che puoi utilizzare in questa situazione. "Immagina se non avessi lavorato al progetto X". "Immagina se non avessi chiuso il contratto X la scorsa settimana". Portando semplicemente il tuo capo a fare un piccolo esperimento mentale, creerai una visione sottile ma chiara di non poter ottenere i propri obiettivi di lavoro.

Se riesci a fare in modo che la visualizzazione prodotta dallo schema di linguaggio "immagina se" dimostri il tuo valore futuro, è probabile che tu riesca ad ottenere quell'aumento, quel bonus o quella promozione. Ovviamente, alcuni capi utilizzano gli aumenti per ricompensare gli sforzi precedenti, ma per quelli che non lo fanno, "immagina se" è il trucco migliore.

Di seguito, vedremo un altro schema di linguaggio che utilizza le rappresentazioni interne delle persone. Lo schema è "Come ti sentiresti se...?"

Come ti sentiresti se...?

Se desideri che le persone facciano cose che normalmente non vogliono fare, devi prima trovare una ragione onesta che sia abbastanza forte per loro; ma per comprendere quali ragioni sono abbastanza potenti, devi prima comprendere come si motivano le persone.

Tutte le azioni compiute dalla gente sono motivate da questi due fattori: evitare una perdita potenziale oppure ottenere un guadagno potenziale. Ovvero, o vogliono avvicinarsi alla luce, oppure vogliono allontanarsi da quello che potrebbe ferirli. Un dato interessante è che, nel mondo reale, le persone si impegnano molto di più per evitare una possibile perdita rispetto all'impegno che mettono nell'ottenere un guadagno potenziale.

Ma questo non è tutto. Oltre a comprendere la vera motivazione delle persone, devi sapere anche se basano le proprie decisioni sull'emozione o sulla logica, anche se maggiormente, le persone prendono decisioni a livello emozionale e poi le giustificano con la logica, ovvero, qualcosa deve dare una sensazione positiva prima che abbia senso per noi.

Sicuramente ti sarai sentito confuso dopo aver avuto una conversazione con qualcuno che non ha seguito i tuoi consigli, e avrai pensato "Non so perché non fa quello che gli ho detto, anche quando il mio consiglio ha pienamente senso". Se cerchi di far prevalere le tue argomentazioni basandoti sul fatto che i tuoi consigli hanno senso, stai cercando di persuadere qualcuno per le ragioni sbagliate. Le persone prendono decisioni basandosi su cosa gli piace, e se riesci a dargli questa sensazione, il resto è facile.

Presentando uno scenario futuro con lo schema di linguaggio "Come ti sentirai se...?", permetterai all'altra persona di viaggiare nel tempo fino al momento voluto e immaginare le emozioni relative che si creeranno in quel momento. In altre parole, con questo schema di linguaggio crei uno scenario di condizioni relative al futuro che gli altri possono vedere e sentire.

Vediamo alcuni esempi:

"Come ti sentiresti se questa decisione ti portasse una promozione, nel tuo lavoro?"

"Come ti sentiresti se la concorrenza ti superasse?"

"Come ti sentiresti se cambiassi questo?"

"Come ti sentiresti se perdessi tutto?"

"Come ti sentiresti se il prossimo anno fossi libero dai dubbi, vivessi nella casa dei tuoi sogni e stessi pianificando la tua prossima vacanza?"

Quindi, creando possibili scenari futuri con questo schema di linguaggio potrai far entusiasmare la gente, dando vere ragioni per fargli raggiungere ciò che desiderano, o per allontanarsi da ciò che non vogliono, e quanto più grande è il contrasto tra ciò che vogliono e ciò che non vogliono, maggiore sarà la probabilità che agiscano.

Creare una prospettiva di dubbio

Con che frequenza ti ritrovi in una conversazione che diventa rapidamente un dibattito perché stai parlando con qualcuno che crede di saperne di più e, magari, vuole anche farti una lezione sulle sue opinioni?

Per influenzare gli altri, devi essere consapevole di come controllare una conversazione e come recuperare il controllo destabilizzando la posizione dell'altra persona, da una prospettiva di certezza ad una prospettiva di dubbio.

In generale, le persone cercano istintivamente di creare questa posizione di incertezza, mettendo in dubbio direttamente l'opinione dell'altra persona, e a volte anche discutendo. Sicuramente ti saranno capitati dei momenti in cui ti sei sentito frustrato quando qualcuno non è riuscito a comprendere quello che stavi dicendo e per non essere riuscito a superare le sue idee preconcette. Questo accade regolarmente quando cerchi di introdurre nuove idee o concetti, e l'altra persona ha il tipo di mentalità da "so tutto io" che, in molti casi, può essere difficile da superare.

Il modo migliore per superare la mentalità del "so tutto io" è mettere in dubbio la conoscenza su cui si basa l'opinione dell'altra persona, ovvero, l'obiettivo è convertire la situazione in una in cui l'altra persona ammette che la sua opinione è basata su prove insufficienti, mentre allo stesso tempo conservi la possibilità di rimanere nella conservazione. Per raggiungere questo obiettivo, utilizziamo lo schema seguente:

"Cosa ne sai di…?"

Questo schema è una lieve minaccia alle conoscenze di base dell'altra persona e le obbliga a condividere i parametri su cui si basano le sue argomentazioni, cosa che spesso fa sì che si renda conto che la sua opinione forte era infondata.

Vediamo alcuni esempi:

"Cosa ne sai del nostro lavoro e del modo in cui facciamo le cose?"

"Cosa ne sai di tutte le cose che sono cambiate da (inserire un evento)?"

"Cosa ne sai di come funzionano davvero le cose qui?"

"Cosa ne sai dei benefici di…?"

Queste domande permettono all'altra persona di rendersi conto che la sua opinione non è necessariamente giusta, e può passare rapidamente ad essere molto più percettiva al cambiamento, sempre che non ci si comporti in modo aggressivo nel modo di fare le domande, dato che quando ci fanno delle domande, ci mettiamo rapidamente sulla difensiva.

Se applichi correttamente questo schema, la cosa peggiore che potrebbe succedere è venire a conoscenza delle vere basi delle argomentazioni dell'altra persona, e a quel punto potrai esprimere la tua opinione. Usa questo schema per sfidare gli altri con fiducia, rispetto, ed evita le discussioni, che finiscono sempre con la sconfitta di tutti dato che, quando si tratta di persuasione, o vincono tutti o perdono tutti.

Di seguito vedremo un altro schema che ti permetterà di creare una nuova prospettiva.

Creare una prospettiva positiva

Questo schema di linguaggio ti fornisce uno strumento per convertire una percezione negativa in una positiva utilizzando una tecnica chiamata etichetta. È l'accettazione di questa nuova etichetta che crea la capacità di cambiare la direzione di una conversazione con uno sforzo minimo e porta ad un risultato più positivo.

Lo schema è il seguente:

"La buona notizia è..."

Utilizzando queste parole prima di esporre le tue idee, ti assicurerai che il destinatario accetti l'etichetta che hai aggiunto in modo che questa svolta ottimista possa aiutarlo ad affrontare la negatività della sua vita, impedendogli di finire in una conversazione piena di colpa e autocompassione, e aiutandolo a guardare in una nuova direzione.

Ad esempio, se uno dei tuoi amici non è sicuro di avere le capacità necessarie per svolgere con successo il nuovo incarico a cui è stato promosso, potresti dire: "La buona notizia è che posso consigliarti un corso di formazione ideale per questo posto, e puoi portarlo a termine al tuo ritmo per ottenere tutte le capacità di cui hai bisogno per avere successo in questa nuova sfida".

Che succede quando qualcuno che si oppone al cambiamento dice che vuole avere più successo? In questo caso potresti rispondere con "La buona notizia è che già sai che quello che stai facendo ora non ha funzionato come volevi, quindi cosa ci perderesti a provare questa nuova alternativa?"

Come puoi vedere, questo schema di linguaggio fa in modo che la gente cambi la propria prospettiva e guardi in avanti con ottimismo, eliminando qualunque energia negativa dalla conversazione, abilità particolarmente utile non solo quando vuoi ottenere qualcosa, ma anche quando vuoi semplicemente aiutare qualcuno a vedere nuove possibilità.

Di seguito vedremo un sorprendente metodo di persuasione, che ha dimostrato di essere estremamente efficace.

Il metodo più efficace, sebbene economico, per influenzare

Esiste una tecnica di persuasione poco conosciuta chiamata "interrompi-poi-riformula", in inglese disrupt-then-reframe (DTR) che ha dimostrato di essere molto efficace, ed è importante che a questo punto tu la conosca. Tuttavia, devo avvertirti: la tecnica DTR è più un trucco da due soldi (anche se molto efficace) che una tecnica vera e propria, e alcuni potrebbero considerarla moralmente discutibile.

Quello descritto di seguito è lo studio che è stato realizzato e ha dato inizio a questo campo di ricerca. Davis e Knowles (1999) hanno dimostrato l'efficacia della tecnica DTR vendendo biglietti d'auguri porta a porta per un ente di beneficienza locale, e hanno utilizzato due strategie differenti.

Strategia 1: nella condizione "normale", hanno detto alla gente che il prezzo era di $3 ogni 8 biglietti. In questo modo sono riusciti a realizzare una vendita nel 40% delle case.

Strategia 2: nella condizione DTR, prima hanno detto che il prezzo era di 300 centesimi ogni 8 biglietti e subito dopo hanno detto "È un affare!". In questo modo sono riusciti a fare in modo di vendere i loro biglietti nell'80% delle case.

È un grande risultato per un piccolo cambiamento di parole, ma come e perché funziona?

La tecnica DTR funziona perché innanzitutto interrompe i normali processi di pensiero. In questo caso, l'attenzione della gente viene distratta mentre cercano di processare quell'enigmatico "300 centesimi" e di scoprire perché qualcuno dica il prezzo in centesimi invece che in dollari. Dopo l'interruzione c'è la riformulazione, in questo caso, le parole "È un affare!". Mentre le persone sono distratte dal prezzo in centesimi (per uno o due secondi), è più probabile che accettino semplicemente il suggerimento del fatto che i biglietti sono un affare.

L'interruzione funziona solo per pochi secondi, quindi la riformulazione deve essere fatta immediatamente, prima che le facoltà critiche della persona tornino ad attivarsi, quindi devi fare in modo che l'interruzione sia leggermente confusa, e non completamente incomprensibile.

Molti potrebbero chiedersi se questo effetto è stato puntuale, e se funzionerebbe anche in altri casi, ma la tecnica DTR è stata messa alla prova in 14 studi diversi con centinaia di partecipanti (Carpenter & Boster, 2009) ed è stato dimostrato che aumenta le donazioni di carità, anima le persone a completare sondaggi e a cambiare i propri atteggiamenti. È sorprendentemente efficace anche in situazioni di vendita in cui la gente normalmente non si fida di questo genere di inganni. Quindi, anche se non vuoi utilizzare questa tecnica, è utile che tu la conosca.

Se un venditore dice qualcosa di confuso ("Auto nuova, donna nuova") e poi ti colpisce con il suo nuovo approccio ("Tra me e te, quest'auto è un affare incredibile"), assicurati di prenderti un po' di tempo prima di decidere. È sorprendente che una manipolazione così semplice abbia il potere di confonderci.

Come fare in modo che i tuoi suggerimenti vengano accettati

Questa tecnica è conosciuta come "utilizzo di suggerimenti composti" e si basa sul principio di coerenza che hai appreso nella seconda parte del libro, secondo cui faremo tutto il possibile per mantenere un'immagine coerente di noi stessi. A questo proposito, le ricerche hanno dimostrato che una volta che un suggerimento è stato accettato dalla mente inconscia, diventa più facile che anche i suggerimenti aggiuntivi vengano accettati.

Il processo è molto semplice. Devi solo dire qualcosa con cui è molto probabile che l'altra persona sia d'accordo, e poi devi aggiungere il suggerimento che vuoi impiantare.

La struttura è questa:

\<Suggerimenti, fatti o opinioni facilmente accettati\> + \<Ciò che vuoi che l'altra persona pensi o faccia\>

Vediamo alcuni esempi:

"Stai riposando comodamente in quella poltrona. Sarebbe bello entrare in uno stato di trance profonda".

"Saper comunicare in modo efficace è vitale per gli affari, non è vero? La tua azienda ha bisogno di prendere parte a questo seminario per affrontare questo periodo di sfide".

"Per avere successo in qualunque ambito della vita, è fondamentale avere la capacità di influenzare e persuadere le persone. E per farlo è importante avere un metodo specifico. Questo libro sugli schemi di linguaggio contiene questo metodo".

Questo schema di linguaggio è molto semplice e facile da migliorare. Non è necessario ampliare il suo contenuto, quindi passeremo immediatamente a quello seguente, in cui apprenderai come fare appello all'identità delle persone.

Fare appello all'identità delle persone

Uno dei modi più potenti di persuadere una persona è fare appello alla sua identità: chi è, chi vuole essere o chi non vuole essere. Dale Carnegie, nel suo famoso libro "Come farsi degli amici e influenzare le persone", dice che dobbiamo dare loro una reputazione che vogliano assolutamente mantenere, e il corso della storia ha dimostrato che aveva davvero ragione. Esistono molti modi per farlo e, di seguito, vedremo uno schema di linguaggio molto semplice ed efficace.

Lo schema è il seguente:

"Posso dirti che sei una persona <identità> perché <ragione del perché>"

Esempi:

"Posso dirti che sei una persona molto intelligente, perché stai leggendo questo libro".

"Posso dirti che sei una persona che non vuole far parte della massa, perché ora stai leggendo questo".

"So che sei una persona che ha degli standard alti, perché altrimenti non saresti qui".

Se hai letto questo libro in ordine, ricorderai che la parola "perché" è un mezzo molto potente per persuadere, anche se la ragione non ha molto senso. Questo dipende dal fatto che siamo "programmati" per rispondere alla parola "perché". Questo schema è fantastico, dato che non solo si appella all'identità della persona, ma la rende anche parte di un gruppo desiderato, un altro grande strumento di persuasione, come abbiamo visto nella seconda parte del libro, che dipende dalla necessità di affiliazione.

Una variazione dello schema consiste nell'utilizzo delle parole "mente aperta". Se chiedessi ad una stanza con cento persone chi di loro si considera di mente aperta, sicuramente si alzerebbero più di novanta mani. Quasi tutti rispondiamo a questo criterio, ed è abbastanza facile capire perché. Ricordi lo schema "dell'illusione di libertà e di scelta"? In questo caso, creiamo una percezione di scelta polarizzata, e quando si pensa che l'altra alternativa è avere una "mente chiusa", questa scelta praticamente obbligata guiderà la maggior parte delle persone verso la tua idea.

Vediamo alcuni esempi di applicazione di questo schema:

"La tua mente è abbastanza aperta per provare questa nuova alternativa?"

"Hai una mente abbastanza aperta da potergli dare un'opportunità?"

"La tua mente è abbastanza aperta per aumentare le tue entrate mensili utilizzando questo metodo?"

"La tua mente è abbastanza aperta per considerare l'ipotesi di lavorare insieme?"

Esprimendo le opzioni in questo modo, è molto difficile per l'altra persona rifiutare la tua idea e, almeno, la obblighi a considerare la possibilità.

Ora vediamo un altro modo di fare appello all'identità delle persone. Questo schema è probabilmente uno dei miei preferiti perché aiuta a costruire una base di accordo in modo facile e rapido sui cui possiamo poggiare i seguenti messaggi persuasivi. Vale la pena dire che questa tecnica è molto più potente durante una conversazione con un estraneo che con qualcuno che conosci già.

Lo schema è il seguente:

"Scommetto che sei un po' come me"

Come abbiamo visto nello schema precedente ("Come fare in modo che i tuoi suggerimenti vengano accettati"), la mia esperienza mi ha insegnato che quando ottieni un primo accordo con le persone, è più difficile che dopo siano in disaccordo. Vediamo un esempio:

Immagina di avere paura che qualcuno possa obiettare alla tua idea perché non hai tempo di dimostrare i suoi benefici. All'inizio della conversazione potresti dire qualcosa come ...

"Scommetto che sei un po' come me e ti piace lavorare duramente ora, sapendo che otterrai i frutti di quello che fai oggi."

"Scommetto che sei un po' come me e detesti vedere la televisione la sera perché preferisci dedicarti a qualcosa di proficuo."

"Scommetto che sei un po' come me e sei una persona occupata che fa sempre i salti mortali per portare tutto a termine."

Se utilizzi questo tipo di dichiarazioni nelle prime conversazioni, mentre mantieni il contatto visivo con l'altra persona, quando la vedi annuire saprai che è d'accordo con questi concetti, e quello è il segnale che indica che sarà molto difficile per lui obiettare alle tue seguenti idee.

Ora, per concludere questo schema, permettimi di chiederti una cosa: la tua mente è abbastanza aperta per provare questo schema di linguaggio?

Come cambiare o indebolire credenze

Quella seguente è una tecnica di 11 passi per cambiare facilmente credenze negative con credenze potenti. Si tratta di una tecnica avanzata di PNL che utilizza in concetto del condizionamento che hai appreso nella prima parte del libro, quindi ti raccomando di leggerla rapidamente per farti un'idea di come funziona e poi, quando vuoi applicarla, tornare a leggerla con attenzione. Come per la maggior parte delle tecniche della PNL, puoi utilizzarla sia su te stesso che sugli altri. Quindi, per prima cosa vedremo come applicarla su di te e in seguito adatteremo questi concetti in modo da poterli utilizzare sugli altri.

Cominciamo allora.

Passo 1: pensa ad una credenza limitante che ti sta causando dolore o che sta facendo in modo di farti smettere di fare qualcosa che dovresti fare. Pensa ad uno dei tuoi obiettivi e a ciò che sta evitando (mentalmente) di fartelo raggiungere. Ad esempio "So che dovrei esercitarmi di più, ma credo che l'esercizio potrebbe farmi male, quindi preferisco non farlo".

Passo 2: pensa ad una credenza potente che sia opposta alla credenza negativa che hai identificato nel passo precedente. Cosa ti piacerebbe credere? Continuando con l'esempio, "Con l'esercizio regolare diventerò più forte, più attraente, e sarà meno probabile che mi faccia male". Evidentemente, questa è una credenza più positiva e salutare.

Passo 3: pensa a qualcosa che non faresti mai. Come ad esempio spingere una persona davanti ad un autobus, chiuderti un dito nella porta, infilarti una sigaretta nell'orecchio ecc. Qualcosa che generi una forte reazione di "NO, MAI!". Sentila davvero dentro di te.

Passo 4: rompi questo stato. Alzati, cammina per un po' e schiarisciti la mente.

Passo 5: pensa a qualcosa che vorresti assolutamente, come essere milionario, un buffet del tuo cibo preferito, fare l'amore, ecc. A questo punto vuoi generare una forte reazione di "ASSOLUTAMENTE SI'!". Continua a pensarci finché senti davvero questa sensazione in tutto il tuo corpo.

Passo 6: rompi nuovamente lo stato. Alzati, cammina per qualche momento e schiarisciti la mente.

Passo 7: concentrati sulle tue credenze negative, e mentre lo fai, ricorda l'emozione di quel forte NO! Sentilo davvero, quel NO! e associalo alla tua credenza negativa. Realizza questo passo varie volte.

Passo 8: rompi nuovamente lo stato.

Passo 9: ora pensa alla tua credenza positiva potente. Mentre pensi quanto sarà fantastico avere questa nuova credenza nella tua vita, rivivi la sensazione di quel forte ASSOLUTAMENTE SI'! In altre parole, mentre pensi alla credenza positiva di' (mentalmente o a voce alta) ASSOLUTAMENTE SI'!

Passo 10: rompi nuovamente lo stato.

Passo 11: provaci e proiettati nel futuro. Pensa ad entrambe le credenze e vedi se sembrano diverse. La credenza negativa si è indebolita? Quella positiva è diventata più forte?

Ora pensa a domani, alla settimana prossima, al mese prossimo, all'anno prossimo. Come senti che sarà la tua vita con questa nuova credenza che ti rende più potente?

Le tecniche di condizionamento sono molto potenti se vengono realizzate correttamente e, di seguito, apprenderai come puoi realizzare, in modo occulto, una versione più breve di questa tecnica per cambiare le credenze degli altri.

Michael Hall, uno dei pionieri della diffusione massiva della PNL, utilizza questa tecnica sui suoi clienti. Supponiamo che stai parlando con un amico, single, che ha paura di avvicinarsi alle donne che gli piacciono e vuoi aiutarlo a superare questo blocco.

La prima cosa che devi fare è generare una forte risposta di "NO!", e per farlo dirai frasi come "Scommetto che ti piace stare da solo, cenare da solo, svegliarti da solo ogni giorno e non vedere nessuno...", "Credo che ti piaccia non avere nessuno da abbracciare e con cui dividere la tua vita...", "Scommetto che ti piacerebbe stare da solo sul tuo letto di morte senza nessuno intorno, non è vero?".

Poi dovrai generare una forte risposta di "SI'!", e per farlo dirai frasi come: "Ti piacerebbe avere una donna speciale nella tua vita?", "Riesci ad immaginare quanto sarebbe fantastico incontrare la tua anima gemella?", "È facile pensare a quanto sarebbe meravigliosa la vita se incontrassi una buona compagna, non credi?".

Di solito, queste domande sono già sufficienti per cambiare il comportamento o le credenze delle persone. Tuttavia, a partire da questo punto, ti troverai in una posizione migliore per persuadere il tuo amico o aiutarlo a compiere nuove azioni, che saranno ancora più positive. Quindi, ora è il tuo turno di pensare: che azioni vorresti che compisse il tuo amico? Che vada ad un appuntamento al buio? Che chieda un appuntamento a quella ragazza che ha conosciuto al lavoro? Quali pensi che sarebbero le sue obiezioni a questa idea? Quale tecnica, tra quelle che abbiamo appreso finora, utilizzeresti per persuaderlo? In che modo gli esporresti le alternative che ha, in modo che scelga quella che vuoi tu?

Prenditi un momento e pensa a questo scenario. Cerca di risolverlo. Ripassa mentalmente quello che hai appreso finora e cerca di ideare una possibile strategia per persuadere il tuo amico. L'unico modo di dominare quello che hai appreso è utilizzare questa conoscenza. Non aver paura di sbagliarti. Gioca con ciò che sai. Potrei continuare a scrivere per cercare di risolvere tutto al posto tuo, ma sappiamo che questo non ti aiuterebbe. Hai già le conoscenze di cui hai bisogno, ora devi pensare e applicarle.

Ma non abbiamo ancora finito. Ci resta ancora uno schema da apprendere. Di seguito, apprenderemo ad "aprire" la mentalità delle persone.

Come "aprire" la mentalità delle persone

Alcune volte tutto quello di cui hai bisogno perché qualcuno cambi parere è solo un po' di effetto leva. Questa leva si può ottenere utilizzando un "operatore modale di possibilità" e un compito quasi impossibile. Sembra complicato? Continua a leggere e comprenderai meglio.

Lo schema di linguaggio è il seguente:

"Se io facessi <compito impossibile>, saresti disposto ad ascoltare?"

Il compito impossibile può essere qualunque cosa, dall'indovinare un numero da 1 a 100, fino a quale sarà la prossima canzone a suonare alla radio. Non importa. Quello che importa è che avrai ottenuto un accordo, e questo accordo dimostra che esiste una parte nell'altra persona che è disposta a cambiare.

Un'altra tecnica molto popolare è quella conosciuta come "il piede nella porta". Come dice il suo nome, la tecnica del piede nella porta fa sì che una persona accetti una grande richiesta facendo prima una piccola richiesta. In altre parole, si inizia ottenendo un piccolo "sì" per ottenere poi un "sì" più grande. Questo funziona grazie al principio di coerenza che abbiamo appreso nella seconda parte del libro. (se non lo ricordi, è una buona idea tornare a leggerlo).

Uno studio particolarmente rappresentativo per verificare questa tecnica è stato realizzato da un team di psicologi che ha telefonato ad un gruppo di casalinghe chiedendo se potevano rispondere ad alcune domande riguardo ai diversi prodotti che utilizzavano. Poi, mezza settimana dopo, gli psicologi hanno chiamato di nuovo per chiedere una valutazione di due ore dei prodotti che avevano nelle loro case, che si sarebbe svolta con l'invio di cinque o sei uomini a casa loro e che avrebbero aperto tutti gli armadi e i posti dove tenevano quei prodotti. Qual è stato il risultato? I ricercatori hanno scoperto che quelle donne avevano il doppio delle probabilità di accettare una "irruzione" a casa loro, rispetto al gruppo di casalinghe a cui era stata fatta solo la richiesta più grande.

La tecnica del piede nella porta viene illustrata molto bene con un paio di storie. La pima, chiamata "Il biscotto e il topo", si può riassumere come segue:

C'era una volta un bambino che ha dato un biscotto ad un topo. A quel punto il topo ha chiesto un bicchiere di latte. Poi, il topo voleva anche una cannuccia per bere il latte, quindi ne ha chiesta una. Desiderando evitare di andare in giro con i baffi sporchi di latte, il topo ha chiesto uno specchio. Quando si è trovato di fronte allo specchio, ha deciso di tagliarsi i capelli, quindi ha chiesto un paio di forbicine per unghie. In seguito, per spazzare via i suoi peli tagliati, il topo ha chiesto una scopa. Sentendosi un po' stanco, a quel punto il topo voleva che gli leggessero una storia, fare un pisolino, fare un disegno e appendere il disegno sul frigorifero. La vista del frigorifero ha fatto venire sete al topo, che ha chiesto un bicchiere di latte. E a quel punto il topo ha voluto un biscotto da mangiare insieme al latte, ricominciando da capo il ciclo ancora una volta.

La storia seguente, in cui viene utilizzata una variante della tecnica del piede nella porta, è conosciuta come "la zuppa di pietra", di George Patton. La zuppa di pietra è una vecchia storia folkloristica che parla di un vagabondo che viaggiava per un paese durante una carestia che era scoppiata dopo la guerra. La scarsità di cibo aveva fatto sì che tutti gli abitanti del paese nascondessero e conservassero gelosamente quello che avevano quindi, quando il vagabondo andava da una porta all'altra chiedendo qualcosa da mangiare, non riceveva nulla. A quel punto, il vagabondo decide di adottare una strategia diversa. Tira fuori dal suo sacco una grande pentola di ferro e una pietra. La riempie d'acqua, la fa bollire e getta dentro la pietra. Gli abitanti del villaggio, curiosi, gli chiedono cosa sta facendo. "Sto facendo una zuppa di pietra", risponde il vagabondo.

Il vagabondo racconta che una volta aveva provato la zuppa di pietra con delle carote, ed era deliziosa. A quel punto chiede di poter avere delle carote da aggiungere alla zuppa, in modo da darle un po' di sapore. Uno degli abitanti, molto curioso, va a cercare una carota e gliela regala per la sua zuppa di pietra.

A quel punto il vagabondo racconta che una volta aveva assaggiato la zuppa di pietra con alcune cipolle, e dice "Oh, ragazzo, era la zuppa di pietra più buona che abbia mai assaggiato". A quel punto chiede agli abitanti del villaggio qualche cipolla e quelli, curiosi, vanno a cercare delle cipolle. La storia continua con il vagabondo che chiede altri ingredienti, aggiungendo alla zuppa patate, pomodori, pane e carne. Alla fine, il vagabondo tira fuori dalla pentola la pietra originale senza farsi vedere, e rimane la vera zuppa.

La morale della storia è, in un certo modo, simile a quella del biscotto e del topo, ma che c'entra Patton con questo racconto?

La leggenda dice che dopo aver ascoltato questa storia, il generale George Patton, uno dei generali più importanti della Seconda Guerra Mondiale, ha preso ispirazione per utilizzare una tecnica simile durante il periodo in cui gli era stato ordinato di difendere invece che di attaccare.

Patton, infastidito per aver ricevuto l'ordine di mantenere una "difesa aggressiva" invece di attaccare direttamente con la maggior parte delle sue forze, ha rispettato quello che gli era stato detto, ma ordinando una ricognizione con carri armati. Ovviamente, c'è stato bisogno di rinforzi per accompagnare i carri armati e, di conseguenza, c'è stato bisogno di un numero progressivamente sempre maggiore di forze. Alla fine, un intero corpo della 3° Armata è stato coinvolto nella missione di ricognizione, proprio ciò che Patton voleva. Quindi, se hai una grande richiesta e hai bisogno che qualcuno la soddisfi, puoi aumentare le tue probabilità di successo se prima fai in modo che venga accettata una richiesta più piccola, e questo grazie al principio della coerenza.

Ora vedremo una tecnica che è praticamente l'opposto, ed è conosciuta come "la porta in faccia". Funziona così: bisogna fare una richiesta grande che ti aspetti venga rifiutata dalla persona a cui ti rivolgi, e poi fare una richiesta più moderata e ragionevole, che sarà più probabile che venga accettata.

Il nome di "porta in faccia" si riferisce alla grande richiesta iniziale che molto probabilmente verrà rifiutata, come una porta metaforicamente sbattuta in faccia.

Uno studio che ha voluto dimostrare l'efficacia della tecnica della porta in faccia, ha diviso i partecipanti in due gruppi. Al primo gruppo è stato chiesto di offrirsi come volontari per passare due ore a settimana facendo da consulenti a dei criminali minorenni per due anni (richiesta maggiore). Dopo che la richiesta è stata rifiutata, è stato chiesto loro di accompagnare quei criminali minorenni ad una gita allo zoo per un giorno (richiesta minore). I partecipanti del secondo gruppo hanno ricevuto solo la richiesta minore.

Quali sono stati i risultati? Il 50% dei partecipanti del primo gruppo è stato d'accordo con la richiesta minore rispetto al 17% del secondo gruppo.

Questa tecnica si basa sulla nostra tendenza naturale ad avere più fiducia nella prima informazione che ci capita quando prendiamo una decisione. E questo, quando parliamo di persuasione, si chiama "condizionamento". Ad esempio, immagina di entrare in un salone di auto usate e vedere un'auto simile a quella che cerchi a $10,000. Quando il venditore cerca di venderti un'auto che costa $7,000, sembra un prezzo ragionevole, quasi economico, anche quando continua ad essere un prezzo più alto rispetto al vero valore dell'auto. Questo perché è stato stabilito un condizionamento, e di conseguenza giudichi tutto secondo quel parametro.

Questo è ciò che rende la tecnica della porta in faccia così efficace. Una volta che il condizionamento è stato stabilito con la richiesta iniziale, quella maggiore, la seconda richiesta più piccola sembra più ragionevole e moderata.

Questo è l'ultimo schema che vedremo singolarmente. Di seguito, apprenderai come utilizzare questi schemi tramite dei copioni, e poi vedremo come convertire i copioni in conversazioni.

"Copioni" per velocizzare il tuo processo

La verità su tutti questi schemi di linguaggio è che non esiste un unico schema magico che ti dia automaticamente i risultati che vuoi, e quello che li fa funzionare è il fatto di disporre di un processo e di una sequenza di schemi che indirizzino le persone verso i risultati che desideri.

Devi disporre di un arsenale di schemi di linguaggio che puoi utilizzare in modo naturale nelle tue conversazioni, e questo è ciò di cui ci occuperemo ora. Fino a questo momento abbiamo visto gli schemi separatamente, ma ora inizieremo ad unire i pezzi in modo che tu possa creare le tue sequenze di schemi persuasivi.

In questa lezione ci concentreremo sull'unione di schemi in pochi paragrafi e copioni in modo che dopo, nella lezione seguente, possiamo utilizzarli in conversazioni più elaborate. L'idea è abituare la tua mente a pensare in modo strategico alla persuasione e a come influenzare senza che debba preoccuparsi di specifici schemi di linguaggio.

A questo punto, alcuni potrebbero pensare che non riescono a vedere l'importanza dei copioni e che preferirebbero fare pratica direttamente all'interno del flusso di una conversazione. Se lo pensi anche tu, potrei anche essere d'accordo, e il punto del capitolo non è memorizzare copioni, ma apprendere come funziona il linguaggio persuasivo per costruire nella tua mente una libreria di frasi utili e poi fare pratica in un contesto reale. Utilizzando questo approccio, apprenderai rapidamente ad integrare gli schemi, che diventeranno una parte naturale del tuo linguaggio, e inizierai anche a pensare in modo strategico per applicare sequenze complete di schemi.

Allora, vediamo ora un approccio strategico. Voglio che inizi a pensare alla sequenza di rappresentazioni interne attraverso cui farai viaggiare il tuo "soggetto". Come ormai saprai, in questo libro utilizziamo il termine "soggetto" o "potenziale cliente" indistintamente, per riferirci alla persona che vuoi persuadere.

Diciamo che stai scrivendo un discorso di vendita per un corso di sviluppo personale che hai appena preparato e hai già bombardato diversi soggetti con un'enorme quantità di benefici del corso, ma non hai ottenuto l'effetto desiderato. Cosa puoi fare ora?

Vediamo una possibile sequenza di schemi attraverso cui potresti far passare il soggetto:

1. Generare interesse/Anticipazione.

2. Riconoscere le necessità.

3. Stabilire i benefici che deriverebbero dal soddisfare le necessità, compresa una visione del futuro con maggiori benefici.

4. Entusiasmo di soddisfare quelle necessità.

Ti prego di notare che questo non è un processo di vendita vero, ma solo un modo per pensare al viaggio emotivo che farai provare alla persona. Quindi, se aggiungiamo un po' più di dettagli, la struttura della conversazione dovrebbe essere così:

1. Farai una breve relazione riguardo un'altra persona che sta ottenendo risultati incredibili (solo il risultato, non il modo in cui lo ha ottenuto), e concluderai con una frase del tipo "A te cosa piacerebbe ottenere?"

2. Farai domande presupposizionali su ciò che impedisce al soggetto di raggiungere il suo obiettivo e sulle implicazioni di rimanere nella stessa situazione.

3. Pronuncerai frasi su visioni del futuro relazionate con il fatto di avere gli strumenti che gli permetteranno di fare le cose in modo diverso e sul come questo migliorerebbe la sua situazione, in futuro.

4. Associerai tutti queste sensazioni al prodotto o all'idea che stai presentando.

Molto bene, ora elaboralo per un momento. Pensa ad una situazione particolare della tua vita in cui vuoi convincere qualcuno perché faccia o compri qualcosa.

Hai fatto?

Ricorda che l'unico modo di interiorizzare e apprendere nuove informazioni è applicandole a casi della tua vita reale. Io potrei ideare gli esempi più innovativi per presentarti quest'informazione, ma se non la interiorizzi, in pochi giorni l'avrai dimenticata.

Bene, continuiamo con l'esempio. Sviluppiamo ancora un po' il copione, in modo che tu possa avere un'idea completa:

1. Hai già conosciuto Andrea? Lei è riuscita a realizzare il suo sogno di viaggiare e girare documentari nel mondo. È stata addirittura sponsorizzata da un brand sportivo. La settimana passata era nel deserto del Sahara. È incredibile che l'unica cosa di cui abbia avuto bisogno sia stato pensare ai suoi sogni, per realizzarli.

2. Non sarebbe fantastico se anche tu potessi far avverare i tuoi sogni? Se potessi farlo, quale sogno realizzeresti? Cos'è importante per te riguardo a...? [Inserisci qui la tua risposta]. Non so se ci hai già pensato, ma è da quando eri giovane che hai sempre avuto tutti questi progetti, sogni, ambizioni e, a mano a mano che sei cresciuto, ancora non sei sulla strada per ottenere le cose che vuoi. Cos'è che ti impedisce ora di correre dietro ai tuoi sogni? [A questo punto devi aumentare i sentimenti negativi, come arrivare alla fine della vita con ambizioni non realizzate, immaginare l'ultimo attimo di vita e pensare a tutte le cose che avrebbero potuto essere, ecc. Fallo con attenzione e non approfondire troppo, dato che tutti preferiamo i pensieri felici].

3. Ad Andrea è bastato solo un piccolo cambiamento nel suo modo di pensare ed ha iniziato a fare le cose che aveva sempre voluto, ma non sapeva come. In modo incredibile, è

riuscita a lasciarsi alle spalle tutte le sue paure e gli errori. Anche tu puoi cambiare le tue credenze, aumentare la fiducia in te stesso e motivarti per fare quelle cose che hai sempre voluto [Nota bene il cambiamento da "Andrea" a "tu". Sembra evidente, ma il tuo soggetto non lo noterà]. Come ti sentiresti se potessi lasciarti alle spalle il tuo passato e abbracciare il futuro in modo da poter fare le cose che hai sempre desiderato? [Enfatizza questo punto il più possibile e, probabilmente, il modo migliore per farlo è con delle domande...Come ti sentiresti? Cosa faresti? Che diresti?]

4. Ad ogni modo, non stiamo parlando di Andrea che è riuscita ad ottenere risultati magnifici, ma il punto è che anche tu puoi imparare a fare lo stesso. Ti piacerebbe che ti dicessi qual è il corso in cui Andrea ha imparato a cambiare la propria mentalità in modo tale da poter ottenere tutto questo?

Avrai notato che questo non è un copione di vendita. È solo un viaggio emozionale per il tuo soggetto e alcune idee su come utilizzare il linguaggio. Puoi rendere questo copione molto più complesso se pensi alle obiezioni che potrebbero nascere e, se già conosci il soggetto, puoi integrare il suo linguaggio e i suoi interessi nel tuo discorso.

A questo punto è arrivato il momento di pensare al processo e alle pratiche mentali. L'obiettivo ora è pensare in termini di sequenze di rappresentazioni interne e a come il linguaggio persuasivo si incastra con tutto questo.

Di seguito, prenderemo il copione che hai appena appreso e lo convertiremo in una conversazione persuasiva.

Passare dai monologhi alle conversazioni persuasive

Finora abbiamo appreso schemi di linguaggio indipendenti e abbiamo visto un copione o monologo. Ma la realtà è molto più complessa. A volte ti basterà piantare il seme di un pensiero nella mente dell'altra persona per fare in modo che faccia ciò che tu vuoi ma, in generale, la persuasione non è un monologo, ma un processo a due vie che coinvolge entrambe le parti. In una conversazione, l'altra persona deve avere l'opportunità di parlare e, di conseguenza, dobbiamo essere capaci di collegare i nostri schemi con ciò che viene detto. Tuttavia, questa parte del processo di persuasione non deve necessariamente essere complessa e, in effetti, è una delle più semplici, dato che approfitta della conoscenza che abbiamo già acquisito.

A questo punto dovremmo ormai essere capaci di pensare ad un altro livello e iniziare ad essere consapevoli delle sequenze di rappresentazioni interne delle altre persone, del viaggio emotivo per cui li facciamo passare e dei risultati specifici che vogliamo. In altre parole, dovresti gestire la conversazione, e un buon processo mentale per farlo è il seguente:

1. **Informare:** formulare una frase.

2. **Invitare:** chiedere una risposta.

3. **Conoscenza:** assicurarsi che l'altra parte sappia che la stai ascoltando.

Ad esempio:

- Informare: "Gabriel organizza sempre belle feste".

- Invitare: "Come l'hai conosciuto?"

- Conoscenza: "L'ho conosciuto al lavoro".

- Informare: "Gabriel mi ha raccontato che lavora in un'ottima azienda".

- Invitare: "Di che ti occupi nello specifico?".

- Conoscenza/Informare/Invitare: "È un lavoro interessante, sei stato fortunato. Come l'hai ottenuto?"

E così via. Questa è una conversazione tipica e potresti chiederti perché la sto dividendo in parti separate. La risposta è che ho bisogno di separare le parti in modo che possiamo inserire diversi copioni mantenendo il flusso. Ora esaminiamo nuovamente la conversazione, ma questa volta aggiungiamo alcuni cambiamenti di stati e schemi di linguaggio.

Ti ricordi che nell'esempio precedente ho iniziato la conversazione dicendo "Gabriel organizza sempre belle feste"? Questa volta inizierò in un altro modo:

"È sempre un piacere quando Gabriel mi invita a una delle sue feste, perché so che incontrerai persone interessanti".

Sicuramente la prima cosa che noterai è il cambio dell'indice referenziale. Sono passato dal parlare di me stesso al parlare di te. Ora continuiamo con l'esempio e vediamo altri comandi specifici che uso normalmente. Li sottolineerò in modo che tu possa facilmente riconoscerli.

- Informare: "Come hai conosciuto Gabriel?".

- Conoscenza: "Da quello che mi hanno detto, deve essere un ottimo posto in cui lavorare".

- Informare: "Sembra essere un posto dove si trovano molte persone piacevoli. Mi piacciono i posti in cui <u>puoi emozionarti e appassionarti</u> a ciò che fai".

- Invitare: "Cosa fai? Cosa ti appassiona veramente?"

- Conoscenza: "Non avevo notato quanto possa essere soddisfacente".

- Informare: "Ricordo di aver letto che la passione, come ogni altro stato emotivo, richiede tempo per <u>raggiungere la sua massima espressione. Per me</u> è un processo lento. Quando vedo qualcosa per la prima volta, penso che mi divertirò, poi comincio a pensare alle cose di esso che mi interessano e la sensazione inizia nel mio stomaco e diventa sempre più intensa, fino a che <u>finisco per agire in modo impulsivo</u>".

È piuttosto semplice, non credi? Le cose non devono essere complicate per essere efficaci. Tutto quello che devi fare in una conversazione è essere consapevole del punto in cui ti trovi e usarlo per costruire il punto successivo. Inizia a esercitarti nelle conversazioni quotidiane, ma prima lascia che ti dia un consiglio: concentrati innanzitutto nel padroneggiare il processo in tre fasi (informare, invitare, conoscenza) per guidare la conversazione, prima di provare ad inserire schemi di linguaggio. Nota come, con un po' di pratica, puoi indirizzare una conversazione in modo naturale. Ti assicuro che entro pochi giorni avrai familiarità con il processo, inizierai ad aggiungere alcuni schemi e noterai le reazioni che ottieni. Elimina tutte le aspettative e guarda cosa succede. L'idea è quella di giocare, fare pratica e, mentre costruisci la tua libreria di schemi, inizierai automaticamente ad indirizzare le conversazioni nella direzione che desideri.

Successivamente, ti mostrerò una versione del mio particolare processo di vendita con le spiegazioni di alcuni elementi della PNL. Spero che leggendo il mio processo tu possa creare le tue idee e capire come puoi integrare i diversi elementi che hai imparato. Sebbene sia focalizzato sulle vendite, puoi adattarlo a un generico processo di persuasione, se lo desideri e, in effetti, sarà un esercizio eccellente se ti appropri di questa conoscenza e provi ad applicarla ad una particolare situazione della tua vita.

La persuasione inizia dal momento in cui dico la prima parola al mio soggetto. Sei d'accordo? Beh, io non lo sono. Tutto inizia prima ancora di incontrare il potenziale cliente. Prima ancora di dire una parola, devo essere sicuro di avere la giusta mentalità, quindi uso le posizioni percettive per entrare nella sua mente e capire il modo in cui pensa. In questo esercizio mi immagino come se fossi il mio soggetto, sia che si tratti di un gruppo di persone, di un individuo o di un'organizzazione. Ovviamente, più cose sai, più sarà facile ed efficace metterlo in pratica, ma anche se non ho idea di chi sia la persona coinvolta, faccio sempre questo passo. La ragione è che in questo modo la mia mente subconscia cerca di pensare come fanno gli altri. In questo esercizio cerco di comprendere le loro convinzioni, i valori, i problemi e i benefici all'interno del contesto di ciò che voglio che facciano. Fondamentalmente, costruisco un rapporto ancor prima di incontrarli e, credimi, questo aiuta enormemente nel contesto della persuasione.

Per questo mi pongo alcune domande:

Conosco il mio prodotto dal punto di vista del potenziale cliente?

Quali problemi ha o deve risolvere?

Quali risultati può aspettarsi?

Come devo articolare i vantaggi del mio prodotto per fare in modo che siano significativi per il mio soggetto?

Con questo in mente, è ora di iniziare la riunione. A questo punto devo costruire la fiducia attraverso gli schemi che abbiamo visto in questo libro. Cerco sempre di iniziare un incontro incentrandolo sui punti di accordo, e se non ci sono accordi, utilizzo lo schema di linguaggio "strutture d'accordo" per essere d'accordo con tutto e allo stesso tempo mantenere le mie opinioni. Te lo ricordi?

È importante offrire, fin dall'inizio, un incentivo al soggetto perché sia interessato a continuare la conversazione. Normalmente, le persone non investono il loro tempo in qualcosa da cui non possono trarre vantaggi. Non intendo necessariamente un vantaggio economico, ma potrebbe semplicemente essere un momento piacevole. Nel caso delle vendite, è molto facile, dal momento che le persone amano ottenere le cose gratuitamente, ma indipendentemente da ciò che offri, io uso sempre gli schemi di linguaggio per creare anticipazioni e aspettative.

Durante la conversazione faccio domande per trovare i bisogni del potenziale cliente e capire come rappresenta il suo mondo. Ovviamente, le domande che pongo sono basate sul contesto specifico di ogni situazione, ma qui ci sono alcune domande che uso normalmente nel contesto della vendita di corsi di sviluppo personale:

"Come ti vedi tra 5 anni?

"Quanta fiducia hai in questo?"

"Quali capacità, abilità e mentalità dovresti avere per aumentare le tue possibilità di raggiungere il tuo obiettivo?"

"Che cosa accadrà se non ottieni questi cambiamenti?"

"Quali benefici ti darà?"

"Perché è importante che tu ottenga questo?"

"Che valore hanno queste nuove credenze e mentalità per te che ti permetteranno di raggiungere i tuoi obiettivi?"

Osserva la sequenza di queste domande e nota anche che sono presupposizionali. Sono specificatamente in quest'ordine, in modo che la prospettiva passi dall'identificazione degli obiettivi del soggetto al pensare alle conseguenze del raggiungimento o meno di questi obiettivi o bisogni.

Se il soggetto non ha un obiettivo, una necessità o non associa alla soluzione un valore maggiore del mio prezzo, è meglio che vada via e continui a cercare, poiché non sarà il mio cliente.

Il prossimo passo è unire le mie soluzioni alle sue esigenze.

Una volta che il mio potenziale cliente è consapevole dei suoi bisogni e riconosce il valore di soddisfare tali esigenze, presento il mio corso come soluzione.

Quando studi la PNL, tutto ciò può sembrare un po' complicato, e ti capisco, perché ci sono passato anche io. Molti praticanti inizieranno a parlare tramite schemi di linguaggio, a condizionare emozioni positive al loro prodotto e stati negativi al prodotto della concorrenza, a utilizzare diverse tecniche di PNL, ecc. Personalmente penso che non sia necessario complicare le cose. La bellezza sta nella semplicità e penso che se si fanno le domande in una sequenza significativa, secondo quello che hai appreso in questo libro, e presenti anche le tue soluzioni in modo significativo, è possibile mantenere le cose semplici e ottenere i risultati desiderati.

Questo non significa che si dovrebbe evitare a tutti i costi di utilizzare tecniche avanzate di PNL, significa solo che la mia esperienza mi ha dimostrato che, se mi attengo ai fondamenti di base, tutto il resto andrà bene, ma se ho fatto degli errori sulle basi, anche le tecniche di PNL più avanzate non funzioneranno.

Vediamo di seguito come affrontare uno dei maggiori ostacoli quando si tratta di persuasione: le obiezioni.

Trattare le obiezioni

Le obiezioni fanno parte della vita di tutti i giorni. Affrontiamo l'indecisione degli altri nella nostra vita personale e professionale e, spesso, dobbiamo rassegnarci ad accettare l'idea dell'altra persona, altrimenti certe conversazioni possono trasformarsi in scontri.

Per superare un'obiezione, dobbiamo prima capire che cos'è un'obiezione. Il primo concetto chiave è capire che un'obiezione è semplicemente un modo di rimandare la decisione ad un altro giorno, e non necessariamente un "no" assoluto. Il secondo concetto chiave che dobbiamo capire è che, quando viene presentata un'obiezione, c'è un cambiamento nel controllo della conversazione, ed è la persona che solleva l'obiezione che prende il controllo, quindi sei obbligato ad attenerti ai suoi desideri o ad allontanarti.

Per avere successo nei nostri tentativi di persuasione dobbiamo mantenere il controllo della conversazione, e la persona che ha il controllo è sempre la persona che pone le domande, quindi, trattando ogni obiezione come nient'altro che una domanda, è possibile recuperare rapidamente il controllo, rispondendo con un'altra domanda.

Ad esempio, alcune obiezioni comuni sono...

"Non ho tempo".

"Non è il momento giusto".

"Non ho soldi in questo momento".

"Ho bisogno di parlare con qualcun altro prima di prendere questa decisione".

La cosa peggiore che puoi fare quando ricevi un'obiezione di questo tipo è rispondere con una contro-argomentazione e fare affermazioni che confutano l'opinione dell'altra persona. Il modo migliore per affrontare efficacemente ciascuna di queste obiezioni è porre una domanda nella direzione opposta.

Naturalmente, potresti sviluppare domande uniche e precise per sfidare ogni obiezione che affronti, ma la bellezza di questo schema di linguaggio è che utilizza una domanda generica. Lo schema è il seguente:

"Cosa ti fa dire questo?"

Questo cambio di controllo obbliga l'altra persona a dare una risposta per colmare le lacune della sua precedente affermazione e spiegare cosa intende realmente. Inoltre impedisce di esprimere pregiudizi o entrare in una discussione, e ti aiuta a comprendere meglio il suo punto di vista prima di raccomandare un pensiero o un'azione successiva. Questo ti lascia in una posizione in cui puoi pensare meglio alle tue prossime mosse o almeno avere una migliore comprensione del perché non sei d'accordo, in questo momento.

Diamo ora un'occhiata a un altro schema molto efficace che è possibile utilizzare immediatamente per ottenere risultati quando dobbiamo affrontare delle obiezioni. Consiste nel fare una domanda molto diretta.

"Che cosa devo dire o fare perché tu faccia (x)?"

Dove (x) è ciò che vuoi che l'altra persona faccia.

Questa domanda è, in realtà, un processo di pensiero. La funzione di questa domanda è di permetterti di scoprire i criteri di cui la persona ha bisogno per fare ciò che vuoi.

Forse ti stai chiedendo: "Ma cosa succede se non mi piace la risposta?"

La verità è che la risposta non ha importanza. La cosa importante qui è che hai aperto una possibilità di accordo nella mente subconscia dell'altra persona, perché stai presupponendo che ci sia qualcosa che puoi fare.

Ad esempio, in una conversazione per un appuntamento:

"Cosa devo fare per avere un appuntamento?"

"Non avremo un appuntamento perché non mi piaci fisicamente."

"Sono d'accordo sul fatto che non sono fisicamente attraente, ma il problema non è il mio aspetto, ma quanto ci divertiremo insieme."

In una conversazione di vendita:

"Che cosa devo dire per farti venire voglia di comprare il prodotto oggi?"

"Dovresti dire che posso prenderlo gratuitamente".

"Il problema non è il costo del prodotto, ma quanto ti costerà non averlo. Che cosa hai bisogno che io faccia per farti capire quanti soldi stai perdendo non comprando il prodotto?"

Pertanto, come puoi vedere, l'obiettivo di trattare le obiezioni è non accettare un "no" come risposta. Vediamo un altro schema per riuscirci.

Immagina di chiedere un favore e che ti venga risposto un sonoro "no". Cosa fai?

Secondo due esperimenti condotti da Boster e dai suoi colleghi, dovresti chiedere "Perché no?" e poi provare ad affrontare le obiezioni (Boster et al., 2009). La chiave è trasformare il "no" di un clamoroso rifiuto in un ostacolo da superare. Se puoi affrontare l'ostacolo, secondo la teoria, è più probabile che ti venga concesso ciò che chiedi. Per riferimenti futuri, chiameremo questa tecnica la tecnica del "Perché no?"

Boster e i suoi colleghi hanno testato la tecnica "Perché no?" confrontandola con i seguenti metodi consolidati per ottenere ciò che si vuole da una richiesta (riconoscerai che si tratta di due metodi che hai già appreso):

Porta in faccia o "Door-in-the-face" (DITF): prima fai una richiesta molto grande che è facile che venga rifiutata. È qui che la porta metaforica ti viene sbattuta in faccia. Tuttavia continui immediatamente con una richiesta molto più piccola che, in comparazione, sembra molto ragionevole. Questo ha dimostrato di far aumentare sostanzialmente l'accettazione della richiesta.

Informazioni sui Placebo (IP): questa tecnica è quando si dà a qualcuno un motivo per fare qualcosa, anche se non è un buon motivo, ad esempio, ricorda l'esperimento della fotocopiatrice che abbiamo visto prima, in cui per le richieste piccole l'accettazione aumentava tra il 60% e il 90%.

Per testare questi tre metodi, i ricercatori hanno chiesto a 60 passanti casuali di badare ad una bicicletta per 10 minuti. I risultati sono stati che il 20% delle persone ha soddisfatto la richiesta quando veniva utilizzata la tecnica DITF, il 45% quando veniva utilizzata la tecnica IP, e il 60% quando veniva utilizzata la tecnica "Perché no?". Statisticamente, il metodo del "Perché no?" ha superato la tecnica DITF ed è stato efficace quanto l'IP.

Questa ricerca non ci consente di sapere perché la tecnica del "Perché no?" funziona così bene in alcune situazioni, ma Boster e i suoi colleghi suggeriscono che ciò sia dovuto alla perseveranza del richiedente. Le richieste ripetute danno l'impressione di urgenza e ciò può fare sentire in colpa le persone o attirare la loro simpatia.

Tuttavia, la mia spiegazione preferita ha a che fare con la dissonanza cognitiva. Ciò ha a che fare con il fatto che cerchiamo di evitare le incongruenze nel nostro modo di pensare che ci causano angoscia mentale. È dissonante non rispettare una richiesta dopo che le obiezioni siano state effettivamente risolte. Dopo tutto, se non c'è motivo per non farlo, perché non farlo?

Sebbene questo esperimento non lo provi, queste tecniche possono essere ancora più potenti se usate insieme, specialmente il "Perché no?" può essere usato praticamente in qualunque situazione. L'unico inconveniente del "Perché no?" è che serve astuzia per dissolvere le obiezioni. Anche così, anticipare le obiezioni è una parte standard della negoziazione, quindi molte di esse possono essere preparate in anticipo. Può sembrare sfacciato continuare a chiedere "Perché no?" quando la gente rifiuta, ma questo esperimento suggerisce che può essere un modo efficace per fare in modo che le tue richieste vengano soddisfatte.

Conclusione

Questo libro dovrebbe finire qui, ma non è affatto finito. Io lascio la catena di pensiero, e ora è tuo dovere prenderla e svilupparla a modo tuo e per il tuo beneficio.

Non dobbiamo mai dimenticare che le parole sono potenti. Dopotutto, è stato in primo luogo il linguaggio a portarci al vertice della catena alimentare. Nel mondo di oggi, saranno ancora le nostre parole a portarci in cima alla nostra catena alimentare personale, nel lavoro e nella vita. Le capacità comunicative sono più potenti di qualsiasi altra abilità che possiamo sviluppare. Le parole ispirano. Le parole vendono. Le parole ci connettono. In realtà, gli abbonati di Harvard Business Review hanno classificato la capacità di comunicare come "il fattore più importante perché un dirigente sia degno di essere promosso", ancora più importante dell'ambizione, dell'educazione, del duro lavoro e anche delle competenze tecniche.

Tragicamente, le capacità comunicative stanno scomparendo a un ritmo allarmante. Che ciò sia dovuto o meno al maggiore uso della tecnologia e alla diminuzione delle interazioni faccia a faccia, la ricerca ha dimostrato che siamo più narcisisti che in qualsiasi momento della storia umana. Trascorriamo una media di sette ore e mezza al giorno a guardare uno schermo e il nostro desiderio di conoscere altre persone si sta estinguendo.

Quando le persone comunicano, accadono cose meravigliose. Ecco perché il mondo ha bisogno di più persone che sappiano portare gli altri all'azione. Abbiamo bisogno di leader capaci di motivare, coinvolgere, influenzare e ispirare. E, soprattutto, abbiamo bisogno di più persone che sappiano come usare il potere degli schemi di linguaggio per colmare le differenze e connettersi con chi ci circonda.

Ora che la scienza ci ha permesso di intravedere come le nostre parole influenzano davvero il cervello di chi ci circonda, possiamo essere catalizzatori di decisioni più efficaci e iniziare a formare connessioni più fruttuose. Hai già gli strumenti. L'unica domanda ora è, sei disposto a usarli?

L'unico modo per far funzionare tutto questo è uscire e fare pratica. Lasciare paura, dubbi, aspettative e semplicemente uscire e divertirsi usando gli schemi che hai imparato. Ti assicuro che non appena ti rilasserai, inizierai a ottenere risultati migliori. Quando ti eserciti, mantieni le cose semplici e usa frasi il più brevi possibile.

Grazie per aver letto questo libro. Sei certamente una persona intelligente, e questo mi piace. Non so se hai iniziato a notare quanto sia bello possedere questo potere.

Ti auguro molto successo.

Printed by Amazon Italia Logistica S.r.l.
Torrazza Piemonte (TO), Italy